AF542677

L'AVENIR SOCIAL

"Cinq Années d'expérience éducative"

1906-1911

L'AVENIR SOCIAL

Œuvre de Solidarité Éducative

Fondation **Madeleine VERNET**

COMITÉ DE PATRONAGE

MM.

Ferdinand BUISSON, député, président de la Ligue de l'Enseignement.
Jean COLLY, député.
Henry GODET, sculpteur.
Maurice JUNCKER, avocat.
LÉVY-OULMANN, avocat.
Charles MALATO.
Dr MESLIER, député.
Dr NAVARRE, conseiller municipal de Paris.
Francis de PRESSENSÉ, président de la Ligue des Droits de l'Homme.
Pierre RENAUDEL, administrateur délégué de l'*Humanité.*
Marcel SEMBAT, député.
Léon VANNOZ, directeur des *Annales de La Jeunesse laïque.*

Mmes

Marie BONNEVIAL.
Nelly ROUSSEL.

DIRECTION ET ADMINISTRATION

Madeleine VERNET, Epône (Seine-et-Oise).
Louis TRIBIER, Epône (Seine-et-Oise).

COMITÉ D'ACTION & DE PROPAGANDE

Secrétaire:

J. BOXBERGER, 59, rue des Petites-Écuries, Paris.

Membres:

MM.

Charles BENOIT, Paris.
Georges BONNET, Paris.
Léon BONNOT, Paris.
P. DEMAILLY, Paris.
G. DEMAILLY, Paris.
ERBOVILLE, Paris.
G. HANRIOT, Paris.
Victor HARDY, Paris.
HENRIET, Paris.
Dr LARROUSSINIE, Paris.
Lucien LÉGER, Paris.
Louis MATHA, Paris.
Maxime MATTEI, Paris.
Albert THOMAS, Champigny.
Benjamin THOMAS, Paris.

Mmes

C. BONNET.
Jeanne BROCHARD.
Marie MARTIN.

STATUTS ET RÈGLEMENTS

1° Administration et Constitution

ARTICLE PREMIER. — *L'Avenir Social,* œuvre de solidarité éducative, fondée par Madeleine Vernet, s'est constituée en société le 22 décembre 1905.

ART. 2. — Cette Société se compose :
1° Des directeurs de l'œuvre ;
2° D'un Comité d'action et de propagande ;
3° D'un Comité de patronage ;
4° D'un nombre illimité de membres fondateurs et adhérents ;
5° D'un nombre également illimité de groupements de propagande, fonctionnant sous l'initiative d'un membre adhérent de l'œuvre ;

ART. 3. — Toute personne (Société ou Association) versant à l'œuvre une donation d'au moins cent francs est inscrite comme membre-fondateur. Ce titre reste acquis pour toute la durée de la Société.

ART. 4. — Toute personne (Société ou Association) versant à l'œuvre une donation de six francs minimum, est inscrite comme membre-adhérent. Cette cotisation étant annuelle, le titre de membre-adhérent n'est donc acquis que pour un an seulement. Il est renouvelable au gré du souscripteur.

ART. 5. — Tout membre fondateur peut être également membre-adhérent, s'il le désire.

ART. 6. — Un bulletin publie chaque année la liste des souscriptions et donations reçues ; en même temps qu'un compte rendu détaillé de l'état financier, moral et administratif de l'œuvre.

ART. 7. — Ce bulletin est envoyé individuellement à tous les membres de la Société.

ART. 8. — Les membres-fondateurs et adhérents peuvent être réunis en Congrès si les besoins de l'œuvre l'exigent ; comme aussi pour leur donner un compte rendu verbal et un contrôle sur le fonctionnement de l'œuvre.

ART. 9. — Ces réunions seront décidées par le Comité d'action réuni.

ART. 10. — La Société a son siège social à Epône (S.-et-O.), à la résidence même de l'*Avenir Social.*

ART. 11. — Le Comité d'action et de propagande a son siège à Paris, 59, rue des Petites-Ecuries, chez son secrétaire, J. Boxberger.

ART. 12. — Le Comité d'action se réunit tous les mois, une ou plusieurs fois, selon les exigences de l'œuvre.

ART. 13. — Tout ce qui concerne l'*Avenir Social* doit être adressé à Mme Madeleine Vernet, fondatrice et administratrice de l'œuvre ; agissant au nom de cette Société, qu'elle représente, en toute liberté d'action, et sous son entière responsabilité.

2° But et Fonctionnement

ART. 14. — L'*Avenir Social* a été créé dans le but d'offrir aux enfants nécessiteux, pour une pension relativement modique, une éducation aussi rationnelle que possible, avec les soins et l'hygiène nécessaires à l'enfance. L'éducation y est entièrement laïque et indépendante.

L'œuvre fonctionne depuis le 1er Mai 1906.

ART. 15. — L'*Avenir Social* reçoit les enfants, filles et garçons, depuis six ans, âge minimum, jusqu'à huit ans ; et conserve ses pupilles jusqu'à 15 ans.

ART. 16. — Jusqu'à treize ans, les enfants vont en classe, et reçoivent une éducation pratique et familiale. De 13 à 15 ans, ils reçoivent des notions de travail manuel les préparant à l'apprentissage d'un métier; en même temps que des cours d'études supérieures, destinés à compléter leur instruction.

ART. 17. — La sortie des Pupilles a lieu de droit dès que les enfants ont accompli leur quinzième année.

ART. 18. — L'*Avenir Social* reçoit comme pupilles;

1° Tout enfant orphelin, confié par son tuteur;

2° Tout enfant orphelin, seulement de père ou de mère, confié par celui de ses parents survivant;

3° Tout enfant d'une femme seule; ou de parents divorcés, confié par celui des parents en ayant assumé la charge;

4° Tout enfant à la charge d'une Société adhérente à l'œuvre; ou sous la tutelle d'un des membres-fondateurs ou adhérents.

Dans chacun de ces cas, les parents ou tuteurs *devront justifier de la situation nécessiteuse de l'enfant.*

ART. 19. — Tout enfant, demandant à être admis comme Pupille de l'œuvre, doit justifier de l'un des titres énumérés ci-dessus; produire son bulletin de naissance, ainsi qu'un certificat médical constatant son état de santé. Ce certificat sera délivré par le docteur Larroussinie, membre du Comité d'action.

ART. 20. — La pension mensuelle des Pupilles est fixée à 35 francs, payables d'avance. Cette somme est nette de tous autres frais; il n'est demandé ni trousseau, ni literie, ni linge de table ou de toilette.

ART. 21. — En outre, il est demandé une somme d'entrée de 50 francs, destinée à couvrir les frais de premier établissement. Cette somme n'est due que *deux mois* après l'entrée de l'enfant; *ce stage étant réservé par les directeurs de l'œuvre, pour étudier l'état moral et physique de l'enfant.*

La somme d'entrée n'est donc versée que si l'enfant est admis; s'il est refusé, il n'est rien demandé d'autre que la pension mensuelle.

ART. 22. — Cette somme d'entrée ne sera en aucun cas remboursée, une fois l'enfant admis, s'il plaisait aux parents ou protecteurs de le reprendre.

ART. 23. — L'*Avenir Social* reçoit également des Pupilles à titre gratuit, ou avec réduction sur la pension fixée, dans certains cas d'extrême nécessité. Il accorde aussi des réductions temporaires en des circonstances pénibles.

ART. 24. — Ces admissions gratuites et ces réductions sont limitées; elles sont décidées par le Comité d'action, et ne sont consenties qu'après enquête.

ART. 25. — Au cas où le parent ou tuteur d'un Pupille viendrait à mourir ou à manquer, laissant l'enfant sans ressources, et pour le cas où l'œuvre ne pourrait l'admettre gratuitement, des démarches seraient faites près de l'administration de l'Assistance Publique, pour que le Pupille soit laissé à l'*Avenir Social* jusqu'à ses quinze ans.

3° Pensionnaires

ART. 26. — Exceptionnellement, et seulement dans certains cas intéressants, l'*Avenir Social* peut recevoir, à titre de pensionnaires, des enfants ne remplissant pas les conditions énumérées à l'art. 18: situation nécessiteuse, etc. Dans ces cas-là, la pension mensuelle nette est de 50 francs, avec, en plus, la somme d'entrée dont il est parlé aux articles 21 et 22.

— 1911 —

"L'AVENIR SOCIAL"

Cinq Années d'expérience éducative

Par Madeleine VERNET

PRÉFACES

DE

Marcel SEMBAT et Marie BONNEVIAL

Edition de "L'AVENIR SOCIAL"

ÉPONE (S.-et-O.)

Vendue au bénéfice de l'Œuvre

Prix : 25 centimes

PREMIÈRE PARTIE

PRÉFACE

Tout le monde parle de réformer l'enseignement primaire. On a bien raison. Mais rien ne vaut, pour préparer cette réforme, les expériences tentées en dehors des cadres officiels. Je connais deux œuvres d'éducation qui méritent l'une et l'autre notre attention. C'est la *Ruche*, de Sébastien Faure, et l'*Avenir Social*, de Madeleine Vernet.

Je ne parle aujourd'hui que de cette dernière. A mon vif regret, elle est mutilée. Madeleine Vernet voulait faire de la coéducation et instruire en commun les petits garçons et les petites filles. On le lui défend, au nom de la loi. Tant que cette interdiction ne sera pas levée, l'idée de Madeleine Vernet ne battra que d'une aile et ne prendra pas son plein essor.

L'éducation en commun paraît cependant l'éducation normale et typique, puisque dans la famille, garçons et filles grandissent côte à côte. Des frères et des sœurs qui jouent ensemble sous l'œil des parents, c'est le classique tableau de la vie du foyer. La coéducation n'est donc pas une invention monstrueuse, ni une nouveauté criminelle. C'est l'école qui continue la famille.

Beaucoup de gens pourtant crient d'horreur à la seule pensée de cette éducation commune des enfants de l'un et de l'autre sexe. J'en aperçois très facilement la cause. Leur répulsion vient de l'idée qu'ils se font de l'école et du type d'après lequel ils la conçoivent.

Si la coéducation est la suite et l'image de l'éducation en famille, il en résulte qu'elle exige de l'école une condition, qui est de ressembler à la famile. Or, un très grand nombre de personnes en France conçoivent l'école d'après le modèle de la caserne, du couvent ou de la prison. Dans ce cas, je l'avoue, la coéducation me semble pleine de périls. Si les enfants sont des moinillons, ou des enfants de troupe, ou des détenus, si les maîtres sont des gardes-chiourme, uniquement soucieux d'imposer silence et d'obtenir l'ordre extérieur, j'avoue que la coéducation ne donnera pas de bons résultats. Mais j'ajoute que l'éducation unisexuelle n'en donnera pas non plus. Aucune bonne éducation ne peut se faire en prison. Haussons les épaules quand on parle de moralité pour défendre à Madeleine Vernet d'instruire ensemble tout son petit monde ! Moralité ? Pourquoi fait-on semblant d'ignorer ce qui se passe dans les collèges et dans les lycées ? Ce n'est pourtant pas la coéducation qui en est cause, n'est-ce pas ? Paul Bourget dénonçait déjà il y a vingt-cinq ans ces « sentines d'infection morale ». Depuis ce temps-là, rien n'a changé, et l'État reste fidèle, pour la formation de la jeunesse, au type du lycée-prison, avec toutes ses conséquences morales et physiologiques.

Madeleine Vernet se fait une autre idée de l'école, et je l'en félicite. Elle conçoit l'école comme une famille plus grande. Elle est la maman de tous ces gamins et de toutes ces fillettes, qui grouillent autour d'elle, qu'elle soigne, qu'elle fait jouer, qui rient et sautent sous ses yeux, qui l'aiment. Avec ces garanties, j'ose dire que l'éducation en commun me paraît la condition essentielle de tout développement supérieur. Je lisais, dans un des articles où elle exposait ses idées sur la question, une phrase que j'ai retenue : « *l'enseignement unisexuel, par le système des deux méthodes, infériorise la femme.* » C'est tout à fait exact, mais c'est insuffisant, et je demande à compléter la phrase en ajoutant que cet enseignement condamne aussi l'homme à une culture imparfaite et inférieure.

Si la jeune fille est menacée dans son développement intellectuel, le jeune homme est menacé dans sa culture morale. Pour le comprendre, il suffit de penser au niveau ordinaire des garçons élevés loin de leur famille, loin de leurs sœurs, dans les écoles et les collèges. Comparez le ton de l'écolier ou du lycéen rentré dans sa famille avec le ton du même enfant mêlé à ses camarades. Vous verrez la différence. La troupe des garçons assemblés prend un accent vulgaire, brutal, impudent, cynique. C'est la mode d'affecter du débraillé, du laisser-aller, une allure de forfanterie, de bravade, parfois une tenue de vraie gouape. A la maison, le seul effet du retour au foyer, la présence de la mère, de la sœur, suffit souvent à faire tomber ce masque de grossièreté. Les éducateurs anglais le savent bien. Dans beaucoup de maisons d'éducation, les maîtres sont mariés, pères de famille, et s'appliquent à maintenir un contact entre les élèves et l'élément familial et féminin. Je renvoie à la lecture du célèbre « Tom Brown à l'école ». En un mot, je crois que le jeune homme réduit à la société de ses pareils incline à la vulgarité. Pour le relever, aucune parole, aucun conseil du maître, aucune punition n'est efficace. Mais la seule présence d'une jeune fille, un seul regard désapprobateur, le rappellera plus vite aux bonnes manières que vingt réprimandes.

Je me souviens toujours avec plaisir de la fête de l'*Avenir Social* et de la gaîté franche qui éclatait sur la figure et dans les mouvements de tous ces enfants. La santé physique et morale s'y respirait comme en pleine forêt. Le soleil brillait ; les chants, les rires partaient en fusées. Tous les amis de l'*Avenir Social* piétinaient la pelouse et se mêlaient aux chœurs. Ce n'était qu'une après-midi ! vite écoulée ! suivie de lendemains inquiets et pénibles, mais ces heures-là nous rendent le service de nous aider à en concevoir d'autres, qui rempliraient les journées, les semaines, les mois et les années ! Heures de libre joie et d'agréable effort ! Les enfants qu'élève Madeleine Vernet garderont dans leur mémoire des souvenirs qui les pousseront à réaliser l'état social dans lequel ces heures-là se multiplieront jusqu'à remplir tout le calendrier.

Marcel SEMBAT.

« L'AVENIR SOCIAL »

Historique de l'Œuvre depuis sa Création

I. Comment est né « L'Avenir Social »

Si je remontais aux sources profondes, aux causes mystérieuses, obscures, imprécises, de la naissance des choses, je pourrais dire que l'*Avenir Social* existait à l'état embryonnaire dans ma toute première jeunesse, qu'il était latent en mon désir ardent — quoique insatisfait — de me consacrer à l'instruction, à l'éducation, à l'enfance.

Mais je n'ai pas l'intention d'écrire mon histoire personnelle...

Je dirai seulement que ce désir, ce penchant vers l'éducation trouva un élément propre à son développement lorsque, en 1900, ma mère, fatiguée mais désireuse de se rendre utile encore, prit près d'elle, à la campagne, quatre petites filles de l'Assistance Publique. Ces enfants m'intéressèrent. Ce fut pour moi toute une étude où j'entrevis une œuvre à accomplir. Bientôt nos eûmes autour de nous une douzaine de fillettes.

Mais je ne tardais pas à voir tous les mauvais côtés d'une administration routinière, s'il en fut, aux vieux rouages de laquelle je me heurtai plusieurs fois.

Ceci se passait dans la région rouennaise. Là-bas, la grande majorité des pupilles de l'Assistance Publique « travaille » dans les usines des Vallées. Ils sont, naturellement, exploités par le patronat bien davantage encore que les autres ouvriers. Leur vie enfantine est triste ; leur éducation déplorable ; leur jeunesse morne.

Je fis, à cette époque, toute une enquête (privée naturellement) sur ces déshérités entre les malheureux. Je n'en entreprendrai pas ici le récit, récit que je fis dans *Pages Libres*, revue que dirigeait alors Charles Guieyesse.

Ceci eut pour résultat de nous attirer les foudres de l'Administration, qui, pour se venger, enleva alors à ma mère les petites pupilles qu'elle lui avait confiées et qui étaient nôtres depuis quatre ans.

Il y eut alors un projet élaboré d'un orphelinat fondé et soutenu par les coopératives de la région rouennaise, et confié à ma mère et à moi-même. Les bonnes idées ne manquaient pas ; mais ce qui manqua, ce fut l'argent pour les mettre en action ; et le projet dut être abandonné.

Mais, personnellement, je n'avais rien abandonné de mes projets. Ce désir latent de ma jeunesse, ce penchant vers l'éducation qui était en moi, avait trouvé corps, pris forme, s'était alimenté de toute l'expérience acquise. La question éducative m'intéressait plus que jamais ; je voyais là la moisson féconde de l'avenir.

Dans l'hiver 1904-05, je vins donc à Paris, décidée à y tenter ce qui n'avait pu être fait à Rouen.

Comme il me fallait vivre, je cherchai un emploi ; j'eus la chance de trouver une place d'aide-comptable, assez bien rémunérée, qui, m'ayant assuré la vie matérielle, me permit de consacrer à mes projets toutes les heures de liberté qu'elle me laissait.

Je ne dirai pas que tout marcha selon mes désirs. Les débuts ne furent pas encourageants ; mais je ne me décourageai pas. Bravement, je frappai à toutes les portes ; je fis appel à toutes les bonnes volontés, à tous les pouvoirs, à toutes les organisations : coopératives, syndicats, journalistes, conseillers municipaux, députés même, et même ministres. Je ne fus pas toujours bien accueillie ; et si je ne trouvai guère de gros sous, en revanche, les promesses furent nombreuses. Convaincue enfin que je n'obtiendrais aucune aide sérieuse tant que rien ne serait debout, je résolus de commencer seule l'œuvre projetée.

Mais personnellement, j'étais sans fortune. Mon emploi, qui était toute ma ressource, il me fallait le quitter pour me mettre à la tâche. Force fut de recourir à l'emprunt, aux dettes.

Ma mère fit au-dessus de ses forces pour m'aider. Elle me prêta ce qu'elle put d'argent, vint m'apporter son aide et son travail. Ma sœur s'était jointe à moi. C'était de la collaboration précieuse et gratuite ; et je pouvais m'y appuyer en toute sécurité.

Ce fut donc ainsi que l'*Avenir Social* prit naissance, en avril 1906. Au 1er mai qui suivit, il recevait ses premiers pupilles.

II. La Première étape : Neuilly-Plaisance

NEUILLY-PLAISANCE

1. Le grand Pavillon. — 2. Le petit Pavillon.

C'est à Neuilly-Plaisance, à une dizaine de kilomètres de Paris, dans la banlieue est, que nous nous fixâmes. J'avais trouvé là un pavillon bourgeois en sous-location. Je pensais qu'en deux ans j'aurais le temps de mettre mon œuvre debout, de lui donner assez de vie et de force pour l'installer ensuite d'une façon stable et définitive dans une propriété plus conforme à nos besoins que celle que j'avais provisoirement louée.

Je ne décrirai pas dans leur détail ces deux années-là. Elles furent terribles. Je les ai racontées chaque année dans mes bulletins comptes rendus qu'on peut lire encore, bien qu'ils commencent à s'épuiser.

Nous eûmes d'abord deux, puis quatre pensionnaires. Fin juin nous en avions dix. En août, il fallut louer un second pavillon, le premier ne suffisant plus. A l'automne nous avions vingt pupilles.

Mais notre pauvreté était excessive. Ecrasés par les frais de loyer et de vivres, mal payés, mal installés, logés à l'étroit, manquant de place et de matériel, en butte aux tracasseries administratives, à la calomnie, à la malveillance, nous avons connu des heures qui ne s'effaceront point de notre mémoire.

L'excès de fatigue et la maladie qui en fut le résultat, m'enlevèrent la collaboration de ma mère, qui dut se résigner à nous quitter pour retrouver sa santé perdue. Cette peine morale s'ajouta aux ennuis d'argent qui ne diminuaient pas. Nous fûmes des miséreux, et le problème économique se posa souvent, surtout à mes yeux, implacable comme la froide réalité.

Qu'il y a loin du rêve à la réalisation ; et combien péniblement j'en acquis l'expérience.

Nous recevions de l'argent, pourtant. Pas beaucoup ; mais tout de même quelques souscriptions nous arrivaient de temps à autre. Mais elles étaient vite absorbées. Puis nous étions souvent mal payés, et les pensions qui nous étaient versées étaient insuffisantes. De plus, nous n'étions point sourds aux infortunes. On donna asile à de pauvres enfants dont les parents étaient malades, en chômage, en grève, etc. Mais lorsqu'il y en a pour trois, il n'y en a pour six qu'à la condition de doubler la dépense. Les petites bouches sont avides ; elles réclament leur pâtée quotidienne sans s'inquiéter de l'état des finances. Nos soucis ne les atteignent point. Heureusement, d'ailleurs, aussi bien pour nous que pour eux ; car de sentir là, autour de soi, toute cette insouciance heureuse, gaie, bruyante, on a la consolation du devoir accompli, et le courage se retrempe.

Certes, il a fallu vouloir vivre. Et nous l'avons voulu ! Et nous avons bien le droit d'en être fiers...

Enfin, quand vint la fin de 1907, il nous fallut songer sérieusement à trouver une autre habitation. Déjà nous avions fait des recherches ; mais c'était difficile à solutionner. Plusieurs propriétés nous avaient séduits, mais leur acquisition était toujours impossible, tantôt parce que la location en était trop élevée, tantôt parce qu'on ne voulait rien louer aux gens que nous étions — soit à cause de nos idées, soit à cause de notre pauvreté.

Et l'hiver s'écoula de la sorte, sans résultat. Mars était arrivé, et, je me demandais, à demi-découragée, si, le 15 avril venu, j'allais me trouver sans logis, dans la rue, avec mon petit peuple enfantin — comme des miséreux toujours !

C'est alors que des amis me signalèrent une propriété à louer à Épône, près Mantes, dans la grande banlieue ouest, à 48 kilomètres de Paris. Sans aucun enthousiasme, je vins la visiter. C'était, exactement, le 31 mars. Elle me plut assez, quoique ne répondant pas encore à ce que nous eussions désiré. Mais nous n'avions ni les moyens ni le temps d'être difficiles. J'entrai donc en pourparlers avec le propriétaire. Le 4 avril, nous étions d'accord ; le 9 le bail était fait ; et le 14, nous quittions définitivement Neuilly-Plaisance.

Le 15 avril 1908, à trois heures, nous arrivions à Épône avec notre petite famille.

Nous étions sauvés pour cette fois. Le port s'était offert à nous au moment où nous allions sombrer.

III. La Seconde étape : Épône

ÉPONE

La Maison. — 1. Façade sur la rue; 2. Façade sur le parc.

Tout d'abord on respira. La propriété que nous trouvions là, sans répondre absolument à nos désirs, était agréable, spacieuse comme habitation, bien située, à mi-côte au dessus de la belle vallée de la Seine, dans une jolie campagne. Après l'exiguïté de nos pavillons de Neuilly, incommodes pour nous, éloignés l'un de l'autre, mal distribués avec leurs petites pièces dont chacune servait à de multiples usages, nous nous trouvions soudain à l'aise. De grandes pièces claires, vaste cuisine, grand réfectoire carré, salles de lingerie, de couture, de bain, buanderie, réserve à provisions, vestiaires, cabinets de débarras, eau à tous les étages, etc., c'était là pour nous du luxe.

1. La Classe en plein air. — 2. La Salle de Récréation.

Pourtant la question finances n'était pas solutionnée. La difficulté de vivre était toujours là, moins lourde peut-être, les frais de vivres étant moins élevés. Mais la petite aisance qui en résulta nous permit d'améliorer l'ordinaire, de donner aux enfants quelques douceurs — gâteries, desserts, jeux, distractions — qu'ils ne connaissaient pas à Neuilly, et pour nous l'aride problème économique restait tout entier à résoudre.

D'autres ennuis s'y ajoutèrent bientôt. Dans cette petite commune paysanne où nous venions nous installer, notre arrivée provoqua une curiosité d'abord, puis ensuite une hostilité, dont nous fûmes l'objet, et qui grandit rapidement.

La municipalité — et la majorité des notables — étant cléricale, nous devions bien nous attendre à toutes les tracasseries que la gent noire tient en réserve contre ses ennemis.

1. Une Farandole dans le Parc. — 2. Le Potager.

Nos opinions, nos habitudes, notre vie intime, tout passa au crible de la calomnie et de la médisance. Il en résulta, naturellement, de multiples ennuis.

L'Administration de l'Enseignement y ajouta les siens. L'inspecteur primaire de Mantes — un ennemi encore — fut féroce pour nous. Un procès qu'il nous fit avoir, nous amena une amende de trois cent cinquante francs, avec — ce qui était pire que l'amende, — la fermeture de notre école.

Nous dûmes envoyer les enfants à l'école communale ; puis, au bout de quelque temps, nous refîmes une demande d'ouverture d'école. Elle fut tout d'abord agréée par l'Académie ; puis l'inspecteur primaire de Mantes — toujours lui — fit opposition à l'ouverture de cette école sous le prétexte de la coéducation. Il nous fit signifier cette opposition par l'Académie, et

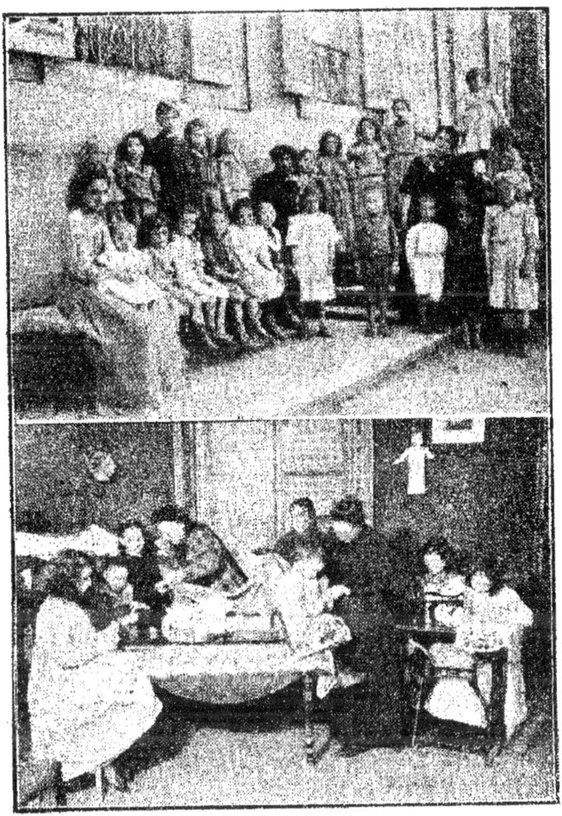

1. En famille devant la Maison. — 2. La Salle de couture.

la chose fut portée devant le Conseil départemental de Versailles. Celui-ci confirma l'opposition et maintint la fermeture de notre école. Elle est encore fermée à l'heure actuelle, et fort probablement tant que nous resterons à Epône, la situation restera la même. La coéducation est une chose interdite par le code de l'Enseignement. Pour qu'elle puisse être pratiquée, il faut un concours favorable de bonnes volontés réunies ; et nous sommes dans un milieu hostile, où tout ce qui pourra être fait pour nous nuire le sera.

De sorte que de tous côtés les ennuis abondent : la pauvreté, le milieu, l'Administration, tout cela se ligue pour nous empêcher de mettre en pratique toutes nos idées éducatives, tout notre programme d'enseignement.

La pauvreté cependant — il faut bien l'avouer — est le pire obstacle. Si j'avais à ma disposition une petite fortune, les autres seraient vite vaincus. Si nous pouvions faire chez nous tout ce que nous désirons, nous nous moquerions un peu du milieu où nous sommes. Bien faire et laisser dire ! l'avenir est pour nous et nous donnera raison.

Quant à l'Administration !... chacun sait que la loi est une corde mal tendue, et que ce qu'elle défend dans un sens, elle l'autorise dans un autre. Mais quelquefois pour s'établir dans le sens de l'autorisation, il en coûte de gros sous que nous n'avons pas.

Pauvreté ! de combien d'énergies n'es-tu pas venue à bout ? Que de courages ont sombré en route, que de beaux projets n'ont jamais été réalisés, faute de ce moteur : argent, sans lequel les meilleures idées sont condamnées à n'être jamais mises en action, telle l'usine la mieux agencée mais dépourvue d'une force motrice quelconque pour lui donner la vie et l'animer.

Depuis cinq années, c'est de l'argent que j'ai réclamé sans relâche. La conclusion de chacun de mes Bulletins comptes rendus a toujours été un appel à la caisse, comme fatalement il sera encore la conclusion aujourd'hui.

Beaucoup de bonnes volontés ont répondu à mes appels, mais ce fut toujours insuffisant. C'est qu'il faut des capitaux pour créer et faire vivre d'une façon intéressante et féconde une œuvre d'éducation telle que nous l'entendons. Bien peu de gens se rendent compte de ce que cela peut coûter.

Je reviendrai, d'ailleurs, sur ce sujet. Pour finir ce petit exposé historique de l'*Avenir Social*, il me reste à dire ce qu'est notre situation matérielle actuelle.

Mais avant de le faire, je veux mettre sous les yeux du lecteur la récapitulation de notre état financier depuis avril 1906.

IV. Situation Financière de 5 années

Les tableaux qu'on va lire ont été relevés dans chacun de nos Bulletins comptes rendus paraissant chaque année.

Dans le dernier Bulletin, paru en mai 1910, la situation était intenable. Je l'exposais clairement, et je disais qu'il était impossible de continuer de vivre avec de pareilles conditions d'existence.

A notre petit congrès — réuni le 3 juillet dernier — je redisais nettement ces choses. Je mis toute mon éloquence — l'éloquence du désespoir ! — à le faire comprendre, sentir, à ceux qui s'étaient rendus à notre appel. Chacun promit de faire, dans sa sphère, tous les efforts nécessaires. Mais le secours ne vint pas assez vite, et, au 15 août, je me trouvais dans une crise financière telle que je n'en avais pas connu encore.

Le terme du 15 juillet n'était pas payé, et le propriétaire le réclamait instamment ; le percepteur réclamait le montant des contributions ; l'eau n'était pas payée, etc. C'était mille francs qu'il me fallait immédiatement trouver, en l'espace d'une huitaine de jours ; et j'avais beau me tourner vers nos amis, aucun n'était en mesure de nous prêter ce secours.

Tout à fait désespérée, je lançai un appel que l'*Humanité* publia dans son numéro du 20 août. Le 21, à midi, on venait m'apporter, de la part de la Société coopérative *La Bellevilloise*, cette somme de mille francs, dont le besoin me causait un si cruel embarras. Je ne décrirai point l'impression d'immense soulagement que j'éprouvai quand je tins dans ma main cet argent sauveur. C'était un sentiment tout matérialiste, peut-être ! Qu'importe ; notre œuvre, sa vie, son action morale même, sont, elles aussi, toutes subordonnées à la question matérielle, et, une fois de plus, nous étions sauvés.

Il est bon de rappeler ces choses ; il est nécessaire qu'on sache quelles sont nos luttes et quelles difficultés il nous faut surmonter. Il faut qu'on sache que si nous demandons de l'aide, c'est parce que nous en avons réellement besoin, et aussi parce que, aidés, nous nous sentons capables de faire quelque chose de bon.

Je laisse maintenant parler les chiffres avant de terminer mon exposé !...

Ire Année — Récapitulation des Comptes au 31 Décembre 1906

ACTIF

En caisse au 1er avril 1906 :

1° Somme prêtée à l'« Avenir Social » par Madame Cavelier, membre du Comité d'action	2.000	»
2° Somme versée par Madame Vernet	150	»

Sommes reçues dans le cours de l'année :

Donations	1.600	05
Pensions des pupilles	3.375	90
Vente de brochures	97	85
Recettes diverses	601	25
Total	7.825	05
Dépenses	7.643	80
En caisse au 1er janvier 1907	181	25

PASSIF — DÉPENSES

Installation	1.965	40
Alimentation	2.625	85
Eclairage et chauffage	261	15
Droguerie et pharmacie	41	90
Blanchissage et entretien	466	75
Fournitures scolaires et de bureau	165	75
Publicité, correspondance	441	»
Travaux d'édition	152	80
Loyers, baux, locations	1.024	15
Divers	499	05
Total	7.643	80
En caisse au 31 décembre 1906	181	25
Total égal à l'actif	7.825	05

DETTES

Argent prêté	2.000	»
Argent prêté (second prêt)	215	»
Etoffes, effets, chaussures, objets mobiliers et d'installation	2.531	80
Total des dettes au 1er janvier 1907	4.746	80

2e Année — Situation Budgétaire au 31 Décembre 1907

ACTIF — RECETTES

	F	c
En caisse au 1er janvier 1907	181	25
Pensions des pupilles	7.787	»
Sommes d'entrée	810	»
Membres adhérents	355	»
Souscriptions diverses	1.971	»
Vente de cartes postales	157	95
Vente de brochures et chansons	109	35
Sommes reçues diverses	404	85
Tombola de juin-octobre 1907	359	75
Total de l'actif	12.136	15
Dépenses	11.668	40
En caisse au 1er janvier 1908	467	75

Ce qu'on nous doit :

	F	c
Fin décembre 1907, il nous est dû sur le compte : Pension des enfants	1.372	»

Indépendamment des admissions gratuites; des secours et des réductions accordées à titre de solidarité. — La somme ci-dessus est due sur les pensions consenties et acceptées de part et d'autre.

PASSIF — DÉPENSES

	F	c
Installation et dépenses d'intérieur	724	75
Alimentation : pain	1.825	75
— viandes	785	50
— lait, beurre, œufs, fromages	1.115	10
— légumes, pâtes, divers	1.392	45
Chauffage, éclairage	795	85
Blanchissage, nettoyage	109	10
Médecin, pharmacien	305	75
Entretien : vêtements, chaussures, étoffes	732	35
Fournitures scolaires et de bureau	174	35
Travaux d'édition	131	30
Publicité, correspondance, envois	227	90
Loyers, locations d'eau, contributions	2.003	55
Voyages et déplacements	195	»
Main-d'œuvre	547	70
Divers	501	80
Total du passif	11.668	40
En caisse au 31 décembre 1909	467	75
Total égal à l'actif	12.136	15

Les Dettes

	F	c
Fin décembre 1906, nous devions	4.746	80
Fin décembre 1907, il nous faut ajouter	88	40
Total	4.835	20

Fin de la 2e Année et 3e Année réunies — Situation Budgétaire au 30 Avril 1909

ACTIF — RECETTES

En caisse au 1er janvier 1908	467	75
Compte emprunt	1.550	»
Fête de la *Coopération des Idées*, le 12 janvier 1908	230	»
Fête du *Petit Journal*, le 31 janvier 1909	566	50
Pension des pupilles	11.071	»
Sommes d'entrée	820	»
Pensions de vacances	770	»
Souscription ouverte pour le déménagement	911	70
Membres adhérents	869	»
Souscriptions diverses	2.117	50
Vente de cartes postales	85	»
Vente de chansons et de brochures	50	60
Sommes diverses reçues	259	25
Total des sommes reçues du 1er janvier 1908 au 30 avril 1909	19.768	30

PASSIF — DÉPENSES

Fin des comptes de Neuilly-Plaisance du 1er janvier au 30 avril 1908

Installation	4	»
Alimentation : pain	417	60
— viandes	135	75
— lait, beurre, œufs	318	35
— légumes, pâtes, farines	285	05
Blanchissage, nettoyage	29	80
Chauffage, éclairage	285	05
Médecin, pharmacien	71	95
Entretien : vêtements	6	30
— chaussures	93	10
— linge, bonneterie	5	70
— étoffes, mercerie	25	85
Fournitures scolaires et de bureau	43	60
Travaux d'édition	30	»
Publicité, correspondance, envois postaux	46	10
Loyers, eau, réparations locatives	508	70
Voyages et déplacements	95	»
Personnel et main-d'œuvre	250	»

Balance des Comptes Courants

Total des recettes en 16 mois	19.768	30
Total des dépenses en 16 mois	19.753	75
En caisse au 1er mai 1909	14	55

Ce qu'on nous doit :

En regard des dettes ci-contre, je pourrais faire figurer ce qui nous est dû et qui atteindrait un chiffre supérieur à 2.000 francs. Mais il est à peu près inutile de dresser le tableau des sommes qui nous sont dues, attendu que ces sommes ne peuvent être considérées comme amortissant ce que nous devons nous-mêmes. — Leur remboursement est aléatoire ; et, pour la plupart, il faut inscrire ces dettes au chapitre des pertes.

Comptes divers	60	55
Fête de la *Coopération des Idées*	115	15
Total au 30 avril	2.808	45
Compte déménagement de Neuilly à Epône ; transport du mobilier et du matériel, voyage des enfants	355	60
	3.164	05

Comptes dépenses du 1er mai 1908 au 30 avril 1909.

Installation :		
Meubles et matériel	1.371	50
Linge de maison	126	»
Travaux et réparations	361	45
Outillage	55	25
Maison, intérieur	178	85
Transports et factages	148	65
Graines et semences	60	65
Alimentation :		
Pain	1.751	30
Lait, beurre, œufs, fromages	1.111	05
Viandes	739	»
Légumes, pâtes, farines et divers	1.802	80
Blanchissage, nettoyage	212	55

Chauffage, éclairage	539	50
Médecin, pharmacien	126	70
Entretien :		
Vêtements	66	30
Chaussures	359	40
Linge et bonneterie	119	90
Etoffes et mercerie	413	25
Fournitures scolaires et de bureau	120	20
Jeux pour les enfants	51	55
Publicité, correspondance, envois postaux	417	80
Travaux d'édition, cartes postales	114	65
Loyers, baux, eau, contributions, assurances	3.700	25
Voyages et déplacements	193	35
Main-d'œuvre	623	65
Personnel	135	»
Amende et procès	306	70
Compte divers	270	»
Indemnité de réparations locatives (Neuilly)	200	»
Dépenses, fête du 31 janvier 1909	676	95
Compte emprunt :		
Intérêts	36	»
Remboursement	200	»
Total en une année	16.589	70
En ajoutant le compte ci-dessus	3.164	05
Total général des dépenses du 1er janvier 1908 au 30 avril 1909	19.753	75

NOS DETTES

Nous avons, cette année, de nouvelles dettes à ajouter aux anciennes.

En voici le tableau au 1er mai 1909 :

Dette totale au 1er janvier 1908	4.835	20
Emprunt 1908-09	1.350	»
Reste dû sur avances de matériel fourni par *La Bellevilloise*	278	45
Reste dû sur réparations locatives de Neuilly	50	»
Factures dues au 1er mai 1909	266	55
Total	6.780	20

4e Année — Situation Budgétaire au 30 Avril 1910

ACTIF — RECETTES

En caisse au 1er mai 1909	14	55
Pensions des pupilles	12.034	35
Sommes d'entrée	505	»
Pensions d'enfants en vacances	940	»
Vente de cartes postales et chansons	28	55
Vente de légumes	124	90
Souscriptions :		
Membres adhérents	782	75
Souscriptions diverses	1.185	60
Souscription pour la bibliothèque	58	75
Souscription pour les étrennes	375	35
Versé par le groupe de propagande de Marseille	45	»
Emprunt nouveau	380	»
Sommes reçues diverses	457	50
Total des recettes	16.932	30

BALANCE DES COMPTES COURANTS

Total des recettes, du 1er mai 1909 au 30 avril 1910	16.932	30
Total des dépenses, du 1er mai 1909 au 30 avril 1910	16.922	70
En caisse au 1er mai 1910	9	60

PASSIF — DÉPENSES

Comptes d'installation :		
Matériel	1.124	70
Travaux et réparations	490	75
Linge de maison	10	90
Comptes d'alimentation :		
Pain	2.373	85
Viandes	737	35
Lait, beurre, œufs, fromages	1.342	70
Légumes secs, pâtes, farines, divers	2.152	05
Compte d'entretien :		
Vêtements confectionnés	277	20
Linge et bonneterie	88	90
Etoffes et mercerie	464	80
Chaussures	549	90
Blanchissage et nettoyage	159	45
Main-d'œuvre du blanchissage	697	75
Compte chauffage-éclairage	614	95
— médecin-pharmacien	120	35
— transports et factages	124	10
Articles scolaires, de bureau et journaux	102	50
Jeux pour les enfants	128	10
Volumes pour la bibliothèque	83	60
Publicité, correspondance, envois	351	35
Loyer, location d'eau, contributions, assurances	2.651	05

ACTIF — DETTES

Au 1er mai 1910, il est dû à l'*Avenir Social*, sur le prix consenti pour les pensions des pupilles, une somme totale de	3.011 70

Voyages et déplacements divers	271 85
Basse-cour, animaux	61 95
Petites dépenses de maison	32 35
Personnel	786 40
Comptes jardin-potager :	
Graines et semences	106 80
Engrais	53 »
Main-d'œuvre du jardin	338 »
Compte emprunt :	
Remboursement sur l'ancien emprunt	110 »
Intérêts payés	60 »
Comptes divers	456 »
Total des dépenses	16.922 70

PASSIF — DETTES

Au 1er mai 1909, notre dette s'élevait à	6.780 20
Sur laquelle nous avons pu payer quelques factures formant un total de	526 85
Il reste donc	6.253 35
Au 1er mai 1910 ; il nous faut ajouter à cette somme, des dettes nouvelles contractées dans l'année et formant un total de	1.250 55
Dette totale au 1er mai 1910	7.503 90

5e Année — 1er Semestre — Situation Budgétaire au 31 Octobre 1910

ACTIF — RECETTES

	Fr.	c.
En caisse au 1er mai 1910	9	60
Pensions Pupilles	5.964	55
Sommes d'entrée	215	»
Pensions enfants en vacances	1.371	»
Souscriptions : adhérents	388	»
Souscriptions : Groupe de Marseille	25	»
Souscriptions diverses	477	75
Souscription ouverte le 20 août	3.317	50
Bénéfices fêtes	331	20
Vente brochures, chansons et cartes post.	113	95
Vente légumes	179	15
Rentrées diverses	221	15
Total des recettes	12 613	85

BALANCE DES COMPTES COURANTS

	Fr.	c.
Total des recettes	12.613	85
Total des dépenses	12.127	90
En caisse au 1er novembre 1910	485	95

PASSIF — DEPENSES

	Fr.	c.
Alimentation : Pain	1.396	95
— Viandes	523	65
— Lait, beurre, œufs, fromages	855	05
— Pâtes, farines, légumes, divers	1.631	45
Chauffage, éclairage	1.210	75
Entretien :		
Vêtements confectionnés	229	25
Linge, bonneterie, coiffures	78	95
Chaussures	492	40
Etoffes, mercerie	103	85
Main-d'œuvre lingerie	175	95
Main-d'œuvre blanchissage	359	25
Frais de blanchissage et nettoyage	91	90
Pharmacien	18	»
Installation : Meubles, Matériel	832	35
— Dep. Intérieur	61	15
— Travaux	228	10
Fournitures scolaires de bureau, livres, journaux	156	55

Ce qu'on nous doit:

Au 1er novembre 1910, il est dû à l'*Avenir Social* sur les pensions consenties	3.356 70

Travaux d'édition	158 70
Publicité, correspondance, envois postaux	294 05
Transports et factages	83 90
Personnel	266 50
Voyages, déplacements	164 50
Loyers, assurances, contributions, eau ..	1.620 75
Jardin : Main-d'œuvre	354 10
— Semences	20 10
— Engrais	36 40
Animaux	27 »
Divers	462 35
Compte emprunt :	
Intérêts	24 »
Remboursements	170 »
Total des dépenses	12.127 90

NOTRE DETTE

Au 1er mai 1910, elle s'élève à	7.503 90
Nous avons pu payer dans le cours de ces six mois	1.104 80
Il reste, au 1er novembre 1910 ..	6.399 10

V. Situation actuelle

En comparant les deux derniers tableaux de notre état financier, depuis cinq années, on trouvera une certaine amélioration à notre situation matérielle. Cette amélioration n'est qu'apparente. Certes, je préfère la situation du 1er novembre à celle du 1er mai. J'ai pu payer toutes les factures en retard; je me suis débarrassée, en plus, de onze cents francs de vieilles dettes, ce qui diminue d'autant le terrible passif qui allait augmentant chaque année.

Lorsqu'est venu octobre, ma provision de bois et de pommes de terre était faite pour tout l'hiver, — et payée. J'avais augmenté le matériel; fait refaire la literie; regarni la provision de chaussures et vêtements; cela aussi était payé.

Mais tout cela n'a pu être fait que grâce à la souscription ouverte au mois d'août dernier, à la suite de notre appel dans l'*Humanité;* souscription qui s'est élevée au total de trois mille trois cent dix-sept francs. Sur cette somme, j'ai d'abord payé les mille francs qui étaient à payer d'urgence; puis, les onze cents francs de vieilles dettes, dont je parlais tout à l'heure. Enfin, avec le reste, j'ai fait les provisions d'hiver.

Et maintenant ? — Maintenant, eh bien, nous sommes toujours aussi pauvres qu'autrefois. Avec un peu moins de gêne, peut-être; avec un peu moins lourd de soucis, et... c'est tout.

Ce qui nous préoccupe, c'est l'avenir ! Nous ne pouvons pas vivre, c'est évident, sans l'appui de la solidarité.

Nos charges sont lourdes. Actuellement, sur quarante enfants, nous en avons douze gratuits. C'est trop, en raison des souscriptions que nous recevons. — Mais peut-on renvoyer des enfants quand on sait qu'aucun foyer ne les attend ?

Déjà les pensions versées sont en partie insuffisantes. Il m'en faut prendre le complément sur la caisse de solidarité; avec, en plus, les enfants admis gratuitement. Eh bien, nous ne recevons pas assez. — Les frais généraux, eux, restent les mêmes: loyer, eau, contributions, chauffage, éclairage, etc.; quel que soit le nombre d'enfants, quel que soit le montant des pensions et des souscriptions, ces frais ne varient pas.

Je le disais, il y a deux ans: ici, à Épône, où nous pouvons loger cinquante enfants très aisément, il nous faudrait disposer de cinquante francs par mois par enfant, c'est-à-dire, ayant cinquante enfants, recevoir mensuellement deux mille cinq cents francs, tant en pensions consenties qu'en souscriptions de solidarité. Alors, seulement, nous pourrions arriver à bien, — sans luxe !

Mais tant que nous resterons pauvres comme à présent, nous ne pourrons point faire mieux que ce que nous faisons. Physiquement, matériellement, nos enfants ne souffrent pas de notre anémie budgétaire. C'est au point de vue éducatif surtout, que nous nous plaignons. Assurément, si nous étions un peu plus fortunés, les enfants auraient un peu plus de douceurs, de distractions, de sorties. Mais où nous déplorons vraiment notre pauvreté, c'est dans le domaine de l'éducation ; et j'y reviendrai un peu plus loin, quand je m'occuperai exclusivement de ce chapitre.

Pour le moment, je m'en vais clore cette partie historique et budgétaire, que j'espère avoir rendue assez claire, assez complète, pour que ceux qui me liront puissent suivre la vie de l'*Avenir Social* depuis sa création et sa naissance, au travers des cinq années d'existence, jusqu'à l'heure présente.

Et j'espère aussi que, de le connaître ainsi, ils deviendront ses amis, et, dans la mesure de leurs ressources, voudront contribuer à son développement, à son amélioration.

Madeleine VERNET.

APPENDICE A LA PARTIE BUDGÉTAIRE

Chaque année, nous avons donné dans nos bulletins comptes rendus, la liste des souscriptions reçues. Nous ne le faisons pas dans cette brochure, car cela tiendrait une place trop longue, par suite de la grande quantité de souscriptions qui sont venues après notre appel d'août dernier. Pour être impartial, il faudrait les publier toutes, et ce serait trop long. J'ai accusé réception directement à tous les souscripteurs qui ont adressé leur obole à Epône ; l'*Humanité,* la *Guerre Sociale* ont publié les listes de souscription. Il n'y a donc que les anonymes qui n'ont pas été avertis ; mais, quand même, je publierais cette liste, cela ne m'avancerait pas à leur sujet, car, n'ayant pas leur adresse, je ne pourrais pas leur faire parvenir la brochure. Ce qui ne m'empêche pas de les remercier tous bien sincèrement.

Voici simplement comment se divise cette souscription :

1° Versé par *La Bellevilloise*	1.000	»
2° Montant des souscriptions envoyées à l'*Humanité*	678	30
3° Montant des souscriptions envoyées à *La Guerre Sociale*	115	»
4° Montant des souscriptions reçues à *L'É. S.* à Epône, en août	1.206	95
en septembre	432	25
Au total	3.432	50

Nota. — Les 115 francs de *La Guerre Sociale* ne nous ayant été remis que fin novembre, ne figurent pas dans le tableau des recettes de notre dernier état financier (1er semestre de notre cinquième année).

M. V.

---

15 Mai.

*Nos camarades de l'*Emancipatrice, *surchargés de besogne, ne peuvent nous livrer que maintenant la brochure. Mais le manuscrit étant prêt depuis fin janvier, nous prions nos lecteurs de tenir compte de cette date, — surtout en ce qui concerne la partie budgétaire et la situation matérielle, lesquelles sont loin de s'être améliorées depuis janvier.*

Pour le reste, rien n'a changé.

M. V.

DEUXIÈME PARTIE

L'Œuvre d'Epone et la Coéducation

L'œuvre courageuse entreprise par Madeleine Vernet, en 1906, n'est pas seulement une œuvre philanthropique. Elle est aussi, elle est surtout, une œuvre éducative ; et c'est par là qu'elle doit intéresser tous ceux qui pensent que le milieu social que nous rêvons ne peut être créé, ne saurait avoir de durée, qu'avec des individus qu'une éducation intégrale aura libérés des préjugés de tous ordres.

Certes, recueillir, nourrir, instruire gratuitement, ou pour très peu, les enfants des déshérités, c'est là une noble tâche. Mais il est des institutions, officielles ou privées, — insuffisantes en nombre d'ailleurs — qui répondent en quelque mesure à ce besoin.

L'Avenir Social s'est donné un plus haut idéal : *éduquer, élever* dans le sens large, complet du mot, les enfants qui lui sont confiés, tel est son but.

Et l'éminente éducatrice qu'est Madeleine Vernet, a compris que l'École doit être le prolongement de la famille. C'est pourquoi, chez elle, comme dans la famille, frères et sœurs partagent, sous le même toit, assis aux mêmes tables, le pain du corps et le pain de l'esprit.

Mais que de préjugés à vaincre ! que de difficultés matérielles à résoudre, je ne dis pas pour créer, — il n'y faut que foi, courage, dévouement, — mais pour soutenir et faire prospérer une telle institution.

Et pourtant, c'est le progrès, c'est l'avenir, la *coéducation !*

Nous voulons des êtres *libres* dans la Cité future ? Dégageons nos enfants du préjugé de sexe, comme du préjugé de race, comme du préjugé religieux, comme de tout préjugé.

Nous rêvons d'*égalité ?* Préparons-la par l'éducation en commun dans l'école, afin que les individus des deux sexes se puissent considérer ensuite comme égaux dans la société.

Et comment donc les initierons-nous à la pratique de la *solidarité*, s'ils n'ont *vécu* la *fraternité*, conséquence de l'égalité ?

C'est dans l'intérêt individuel et dans l'intérêt collectif à la fois qu'il faut que le principe de la coéducation devienne la base de notre enseignement national.

Des éducateurs de la plus haute valeur, venus de tous pays au premier Congrès libre d'Education organisé en 1878 par le Syndicat de l'Enseignement, en ont démontré les précieux avantages, au triple point de vue intellectuel, moral, social; tous les Congrès suivants ont conclu dans le même sens sur cette question; les organisateurs s'appelaient d'ailleurs: A. Desmoulins, G. Francolin, Kownacki, Camescasse, Mme Paulin, M. Valette, et tant d'autres éminents pédagogues !

« L'éducation publique doit être conforme aux principes de la Révolution française et avoir un caractère intégral, scientifique et démocratique », dit M. Perrin; or, la séparation des sexes dans les écoles, ajoute-t-il, détruit tout le principe de la méthode scientifique et expérimentale, tandis que le contact des garçons et des filles donnerait aux uns et aux autres les qualités naturelles de chaque sexe, en même temps qu'il atténuerait les exagérations du caractère d'un côté et de l'autre.

Aucun des détracteurs de la coéducation n'a essayé de nier cet avantage de la pénétration réciproque des esprits.

Mais c'est la morale qui leur paraît en danger. Ecoutons donc M. Seidel, instituteur dans une école mixte en Suisse : « Il n'a jamais eu à constater aucun acte d'immoralité, tandis que cela arrive bien souvent dans les écoles suisses où les sexes sont séparés ». Et il cite à cet égard des faits et des noms qui font impression sur l'assemblée.

Le monde clérical qui s'effraye — à bon droit d'ailleurs — à l'idée de l'affranchissement de l'esprit féminin, dans des écoles où la science a le même verbe pour les deux sexes, a lancé tout son venin contre l'Ecole de Cempuis.

Et tous ceux qui ont pu visiter cet admirable établissement, alors qu'il était sous la direction de Paul Robin, ont pu constater l'air de santé physique et morale qui se lisait sur ces jeunes visages.

Si, en France, l'expérience n'a été faite que là, il n'en est pas de même en Amérique, où dans la plupart des Etats, les jeunes filles, dès le commencement de leurs études, sont dans les écoles primaires avec les petits garçons.

Mais peut-être y a-t-il comme dans quelques écoles de Genève, comme dans nos écoles de villages, où l'école est mixte par nécessité, — le côté des hommes et celui des femmes ? Non; les rangs sont confondus. L'éducation est fondée dans ce pays sur le principe de la confiance, et non comme chez nous sur celui de la défiance.

Et pourquoi en est-il ainsi dans le Nouveau-Monde ? « C'est qu'on s'est dit que pour soutenir les institutions libres que les

Etats-Unis se sont donnés, ce n'était pas trop que le concours des deux sexes.

« On a vu que dans les pays où l'opposition existe dans l'éducation donnée aux femmes et celle que reçoivent les hommes, la guerre intestine, la guerre civile est organisée au foyer sans qu'il soit possible d'y remédier. » (Rapport Hippeau).

Ajoutons, avec M. Perrin, que non seulement garçons et filles ne doivent point être séparés dans l'école, mais qu'à tour de rôle, l'homme et la femme doivent intervenir dans l'enseignement comme professeurs : garçons et filles sur les bancs, comme dans la famille, il y a frères et sœurs ; professeurs des deux sexes, comme dans la famille il y a père et mère.

Ce sont ces idées qui se trouvent résumées dans la 3e résolution du dernier Congrès, l'*Ecole :*

L'expérience a prouvé que l'éducation donnée *en commun aux deux sexes* et par des *éducateurs des deux sexes*, ne présente pas les inconvénients qu'on avait appréhendés ; qu'elle est, au contraire, un puissant stimulant pour le *développement des intelligences, le progrès des études et de la moralisation ;* qu'elle est le meilleur moyen de mettre l'*éducation des femmes en harmonie* avec celle *des hommes,* et par là, de constituer l'*unité dans la famille.*

En conséquence, il est à désirer que les écoles de tous les degrés soient organisées de manière à pouvoir être dirigées par les deux sexes et ouvertes aux deux sexes.

Ainsi soit-il ! Mais... avant que la lourde machine de l'Etat se mette en marche dans cette voie, combien encore il faut de tentatives par l'initiative privée ! Combien d'efforts organisés, avant que les masses soient enfin convaincues que pour que le char avance, il faut que les deux forces, les deux unités du couple humain tirent dans le même sens.

C'est pourquoi il est nécessaire que l'*Avenir Social* vive, grandisse, prospère pour nous donner des ouvriers et des ouvrières capables d'édifier la cité future, fondée sur la Justice et l'Amour !

Marie BONNEVIAL.

Education et Enseignement

I. — Eduquer, c'est préparer l'avenir!

Quand je donnai son nom à l'*Avenir Social* — et il y a de cela fort longtemps déjà, car je l'ai fondé, virtuellement, bien avant le jour de sa naissance — ce fut bien intentionnellement que je choisis ce nom.

A mon point de vue, l'éducation seule peut préparer l'avenir, le véritable avenir social que nous rêvons. A quoi serviront des réformes; à quoi aboutiront les luttes, les dévouements de quelques apôtres, si la masse, la grande masse est incapable d'en profiter. Continuellement, les militants se plaignent d'être incompris, de n'être pas secondés dans leurs efforts; ou encore d'être abandonnés en chemin. La faute en est au manque d'éducation, ou à la mauvaise éducation reçue. Des siècles durant, l'éducation, l'enseignement ont subi le joug religieux; et les individus qu'ils ont formés ont été pliés à l'obéissance, à l'acceptation passive des coutumes établies; l'énergie naturelle a été combattue en eux; le sentiment de la personnalité, l'initiative, le raisonnement ont été pliés par l'esprit dogmatique.

Or, malgré l'immense effort fait depuis plusieurs années, l'éducation a conservé encore profondément l'empreinte religieuse, — ou plus exactement cléricale, — par le fait même de l'atavisme intellectuel. Le cerveau, déformé pendant ces siècles d'obscurantisme, ne peut pas brusquement revenir à l'état sain. De tant de servitude séculaire, il a conservé l'habitude de la passivité; le raisonnement le fatigue vite, et il trouve préférable l'acceptation dogmatique qui le dispense de penser, de réfléchir, de rechercher la vérité.

Cette atrophie du cerveau, en créant la mollesse, la veulerie, de la majorité des individus, a pour conséquence de rendre très difficile une éducation rationnelle et raisonnée. Beaucoup d'éducateurs, découragés par l'inutilité de leurs efforts, ont pris le parti d'abandonner la tâche qu'ils avaient entreprise. Ils ont eu tort, sans doute: mais je ne me permettrais pas un blâme, car je sais combien il est pénible de se donner tout entier à une œuvre stérile.

Pourtant, l'éducation seule est la clé d'une meilleure organisation sociale; et c'est là qu'il faut multiplier nos efforts, sans nous lasser, sans nous laisser décourager par les échecs, les écueils, sans nous laisser abattre par les mauvaises volontés, les lâchetés, les défections.

Je pense parfois à la ténacité de nos vieux aïeux paysans, terriens, entêtés et robustes, qui défrichèrent des landes réputées stériles, et qui trouvèrent moyen de fertiliser un sol ingrat et rocailleux. C'est à eux qu'il nous faut ressembler, nous, les éducateurs. C'est leur obstination qu'il nous faut avoir ; la robustesse de leurs bras il faut qu'elle passe en notre cerveau ; il nous faut conquérir leur inlassable patience, leur endurance à la fatigue, la simplicité de leur vie. Et nous aussi, comme eux, nous verrons jaillir la moisson féconde de la pensée, victorieuse du sol rocailleux de l'erreur et du despotisme.

Faire de l'éducation, c'est assumer la plus grande des responsabilités, car c'est former des individus. Et ce ne peut être l'œuvre d'esclaves ni d'eunuques.

II. — Les sans-famille.

Bien entendu, quand je créai l'*Avenir Social*, je n'eus pas la prétention de faire une œuvre unique, de détenir le monopole de l'éducation rationnelle. Je voulais surtout donner un exemple.

A mon avis, les véritables éducateurs des enfants devraient être les parents. Le milieu éducatif par excellencce serait la famille, si les parents étaient capables d'être les éducateurs. Mais, à l'heure actuelle, la famille est bien encore incapable de remplir ce rôle. L'éducateur, c'est l'instituteur ; et c'est d'ailleurs une des raisons qui entravent l'action d'une éducation rationnelle. L'instituteur ne peut pas avoir, sur un enfant, l'influence du père et de la mère ; il est plus éloigné de l'enfant ; il ne participe pas à sa vie intime et affective ; il ne communie avec lui que par la vie intellectuelle, bien moins profonde chez l'enfant que la vie du cœur.

Quand les parents seront devenus ce qu'ils devraient être vraiment pour leurs enfants, un grand pas sera fait et la question éducative sera bien près d'etre résolue.

Mais il est des enfants pour lesquels la famille n'existe pas. J'ai parlé, précédemment, des pupilles de l'Assistance Publique. Parmi eux se trouvent des orphelins, soit privés du père ou de la mère, soit privés des deux, des enfants abandonnés pour cause de misère ou de vice, des *bâtards*, qu'une pauvre fille sans ressources est contrainte d'abandonner, aussi bien que des enfants que la loi enlève à des parents indignes. En admettant qu'en un avenir meilleur, avec une plus juste et plus humaine organisation de la Société, les causes d'abandon disparaissent, il y aura toujours une forme de sans-famille qui subsistera : les orphelins.

Pour ceux-là, il faudra créer un milieu artificiel qui remplacera la famille disparue. Nos orphelinats d'aujourd'hui jouent déjà ce rôle et c'est pourquoi ils ont bien plus d'importance, au point de vue éducatif, que l'école qui, elle, ne peut guère donner d'autre chose que l'enseignement.

Or, jusqu'à aujourd'hui (à part de rares exceptions) qui a songé à créer et organiser des orphelinats, sinon des cléricaux de tout ordre, soutenus par la bourse des capitalistes ? Ces orphelinats sont donc entre les mains de la classe dirigeante riche, et l'éducation qui y est donnée ne peut être que favorable à cette classe.

Je l'ai dit déjà, c'est à la classe ouvrière elle-même qu'il appartient d'élever ses orphelins, pour que ces orphelins deviennent des individus capables de grossir le noyau de militants conscients qui forme, à l'heure actuelle, dans le prolétariat qui pense, la minorité agissante et réfléchie sur laquelle repose l'avenir du prolétariat tout entier.

Laisser aux adversaires l'éducation d'une quantité très importante d'enfants est une faute grave ; et l'on ne songe pas assez, dans les milieux ouvriers, aux forces perdues pour nous et qu'il serait pourtant si facile de conserver en élevant nous-mêmes nos orphelins.

C'est bien à tout cela que j'avais pensé quand je commençai, presque seule et sans argent — comme je l'ai raconté au début — l'*Avenir Social*.

Que de fois je vis de pauvres gosses, privés de leur père ou de leur mère prendre le chemin d'une maison cléricale quelconque, parce que ce sont les seules maisons où la pension demandée soit assez modique pour être à la portée de la bourse d'un ouvrier. Souvent, fort souvent, ce n'est point la raison de foi religieuse, de croyance, qui les y pousse, mais simplement l'unique question du prix de la pension.

Et je voulais remédier à cela, en offrant un asile aux petits sans-foyer pauvres, dans les mêmes conditions que les offrent les œuvres religieuses.

Au début, nos statuts ont demandé trente francs de pension mensuelle, plus un trousseau à renouveler chaque année. Depuis, pour plus de simplification, nous avons demandé trente-cinq francs net, sans aucune fourniture.

Mais ces trente-cinq francs, — qui ne représentent pas, cependant, la somme nécessaire pour donner à l'enfant l'éducation que nous voulons donner — c'est déjà un prix trop élevé dans certains cas. L'ouvrier qui gagne bien sa vie les trouve assez facilement s'il n'a qu'un ou deux enfants; mais s'il dépasse le chiffre de deux, il ne peut plus donner cette somme. Et si c'est une femme seule, avec les dérisoires salaires féminins, elle ne peut réunir ces trente-cinq francs mensuels que si elle n'a qu'un seul enfant.

Pour venir en aide à ces cas nombreux de pauvreté, nous avons prévu, dans nos statuts, que nous accepterions des enfants avec des réductions consenties, soit pour un temps déterminé, soit pour toujours. Nous avons aussi prévu des acceptations gratuites dans certains cas d'urgence nécessiteuse. Naturellement, nous avons déclaré que ces conditions ne seraient appliquées qu'autant que l'état de nos finances le permettrait; mais je n'ai pas besoin de le dire, emportés par notre désir de secourir toutes les détresses, cette clause n'a été observée que fort imparfaitement. Ainsi, à l'heure actuelle, sur nos quarante enfants, douze — c'est-à-dire plus du quart — sont entièrement gratuits. Or, nous sommes loin de recevoir, par la solidarité à laquelle nous faisons appel, l'aide suffisante pour supporter cela. D'où résultent nos dettes, notre pauvreté excessive, et l'incertitude du lendemain, si décourageante, et si défavorable à une bonne éducation.

Et pourtant, que de demandes il m'a fallu repousser! A combien de prières il m'a fallu être sourde, et sur combien d'infortunes ai-je dû fermer les yeux! — On ne saurait se l'imaginer.

Où sont-ils allés, tous ces pauvres enfants que je n'ai pu accepter? — Je le sais trop bien, ils sont allés aux œuvres cléricales; et ce n'est jamais sans un serrement de cœur que j'ai répondu négativement aux demandes, parfois douloureuses pourtant, qui m'ont été faites.

— Quand j'ai fondé l'*Avenir Social*, je l'ai basé — nécessairement, puisque je n'étais pas capitaliste — sur la solidarité. J'avais pensé qu'on ne pourrait pas ne pas me comprendre, et que de toutes parts l'aide affluerait. Il me semblait que je n'aurais qu'à dire ma bonne volonté d'agir, de faire une œuvre dont l'utilité m'apparaissait incontestable, pour être secondée par tous ceux que mes efforts doivent toucher.

Fort heureusement, d'ailleurs, je fus soutenue, par cette conviction, car sans elle, je n'eusse rien tenté.

Certes, nous avons de l'aide; mais, je l'ai déjà dit, nous n'en avons pas assez. Nous n'en avons pas ce que nous devrions avoir si la classe ouvrière avait bien conscience de l'importance de l'éducation, et de l'importance qu'il y a, pour elle, à soutenir elle-même ses orphelins, à ne point les envoyer aux mains de la classe qui l'opprime.

L'aurais-je fait comprendre en ces quelques lignes, si résumées, si brèves ? — Je veux l'espérer, et croire qu'elles porteront des fruits.

III. — Notre Méthode.

Puisque j'ai parlé de l'importance de l'éducation, il me faut dire, à présent, comment nous la comprenons.

Dans mon appel d'il y a cinq ans, je disais ceci :

— « Notre programme, c'est de donner à l'enfant une éducation aussi rationnelle que possible, basée sur les lois naturelles qui régissent l'être humain, et non comme l'est le plus souvent l'éducation, en contradiction directe avec ces lois.

— « Ce que nous voulons, c'est élever l'enfant pour lui-même ; c'est développer chez lui des idées saines, une raison consciente, l'énergie de la volonté. C'est, en un mot, en faire un être fort et bon à la fois.

— « Ce que nous voulons encore, c'est lui apprendre à travailler, non avec l'esprit de routine ; mais en développant chez lui l'initiative personnelle. C'est l'éveiller aux idées d'association, de solidarité, d'entente ; c'est lui donner le goût du travail libre et lui inspirer le dégoût de la domesticité. Non contents d'en faire un cerveau libéré des erreurs, nous nous efforcerons d'en faire un travailleur indépendant... »

Ce qui était alors notre programme n'a pas changé : et nous envisageons toujours l'éducation sous le même aspect.

Nous n'avons pas pour but de servir une école ; nous ne sommes pas les apôtres d'un « *isme* » quelconque ; nous éloignons de notre enseignement, de notre éducation, tout ce qui pourrait leur donner une forme sectaire. Nous ne voulons pas élever l'enfant en lui donnant l'idée préconçue qu'il sera ceci plutôt que cela ; nous voulons en faire un individu conscient de lui-même, justement équilibré au moral comme au physique. J'estime que si nous atteignons ce but, l'enfant grandi saura trouver lui-même sa voie sans que nous ayons eu à la lui déterminer.

Faire de l'éducation rationnelle, c'est précisément faire appel à la raison aussi souvent que cela se peut ; c'est opposer à la morale enseignée en dogme, la morale réfléchie et raisonnée. La morale ne peut pas être une et immuable ; elle ne peut pas être inscrite en loi dans un livre. La loi morale, elle, doit être en notre cœur, en notre conscience ; et elle est aussi diverse que les circonstances l'impliquent.

Or, c'est excessivement délicat à enseigner aux enfants, cette diversité de la loi morale. Il faut chaque fois que s'en présente l'occasion, leur faire conclure eux-mêmes la moralité des événements de la vie qu'ils peuvent sentir et comprendre. Il faut développer les qualités du cœur, — sans mièvrerie, ni sensiblerie, — car pour sentir profondément, il faut être profondément bon.

Il faut bien se garder de confondre « éducation rationnelle » avec le « laisser-faire » qui, sous prétexte de *droit à la liberté* pour l'enfant, devient en ce moment, une mode éducative goûtée de certaines dilettantes à esprit libertaire.

Les enfants auxquels on laisse faire ce qu'on appelle couramment « leurs quatre volontés », font presque toujours des individus sans volonté.

La volonté ne doit pas être une impulsion, car elle n'est alors ni plus ni moins que la passion : — la volonté doit être la résultante de la réflexion. L'éducation doit donc précisément combattre chez l'enfant la passion, qui est l'instinct, — la survivance de l'animalité primitive ; — pour y substituer le raisonnement, la conscience de la personnalité et la responsabilité de l'individu envers lui-même et envers ses frères. — C'est là une tâche ardue, je le reconnais bien souvent. Diriger l'enfant sans l'opprimer ; combattre les instincts en respectant ce qui en lui est la forme de son individu ; faire naître la volonté raisonnée, sans laisser s'établir l'autoritarisme ; développer la bonté, en combattant la faiblesse ; détruire le dogme moral pour y opposer la morale réfléchie ; tout cela c'est de l'éducation rationnelle.

Et certainement, cela demande plus de doigté, plus de conscience, plus de délicatesse, que l'ancienne éducation ayant le dogme à sa base et le martinet à la clef.

IV. — La vie de nos enfants.

C'est donc à cette forme d'éducation, que nous nous conformons le plus possible.

Je dis le plus possible, parce que toujours à la complète réalisation de notre idéal, il y a un empêchement : la pauvreté trop grande où nous nous trouvons souvent. On s'étonnera peut-être que la pauvreté soit un obstacle à l'exécution d'un plan d'éducation ; cela est pourtant. Et je ferai remarquer en passant, que si l'éducation familiale est si mauvaise dans la classe ouvrière, ainsi que je le disais tout à l'heure, la pauvreté y joue un rôle important et y contribue pour beaucoup. — Ainsi, en ce qui nous concerne, j'ai dit dans la première partie de cette brochure, que notre école ayant été fermée administrativement, pour cause de *coéducation,* nous avions dû nous résigner à envoyer nos enfants aux écoles de la commune. — La coéducation est défendue par le code de l'enseignement; nous avons fait toutes sortes de démarches pour savoir si nous ne pourrions pas, quand même, en obtenir le droit. Peine perdue; on ne fera pas une loi spéciale pour nous. Nous avons fait la classe, cependant, en coéducation, jusqu'au jour où cet inspecteur dont j'ai parlé, s'est avisé de nous poursuivre. Mais c'était simplement parce qu'on voulait bien nous ignorer — ou parce qu'on nous ignorait réellement.

Donc, depuis bientôt deux ans, notre école est fermée; et cependant, sans qu'aucune loi spéciale soit faite pour nous, si nous étions plus riches, nous aurions notre école sans cesser de faire de la coéducation et sans être en contradiction avec la loi. — Question d'argent, tout simplement. La pauvreté peut donc bel et bien constituer un empêchement à un plan éducatif.

Encore un autre exemple: N'ayant pas une somme bien élevée à consacrer à notre personnel, nous sommes obligés, mon mari et moi, de prendre pour nous-mêmes une bonne partie des travaux domestiques, et nous donnons, à ces travaux, une partie du temps qu'il faudrait consacrer aux enfants. La faute en est encore au manque d'argent.

C'est encore le manque d'argent qui fait que nous sommes pauvres de livres, de cartes géographiques, de tableaux d'histoire naturelle; que nous n'avons aucun matériel pour la démonstration des sciences, etc., etc... Il faut tenir compte aussi que pour apprendre il faut parfois pouvoir se permettre de gâcher quelque chose. Or, pouvons-nous nous permettre cela, nous qui sommes toujours en retard pour payer le boulanger ? — Comme on le voit, il y a une infinité de détails — très matérialistes — qui sont autant d'empêchements à la réalisation d'un idéal !

— Mais cela n'empêche pas que nous mettions en pratique notre idéal éducatif autant et aussi souvent que cela se peut.

Je vais résumer assez brièvement la vie de nos enfants pour qu'on puisse s'en rendre compte. Je diviserai l'éducation en trois parties distinctes: Education physique, éducation intellectuelle, éducation morale.

1° *Education physique.* — Levés de six à sept heures du matin, suivant la saison, les enfants défont leur lit, procèdent à leur toilette matinale; puis déjeunent.

Tous les matins, petite toilette. Tous les samedis, bains et change de linge. En été, douches froides.

Le travail intellectuel est coupé par des exercices physiques, récréations, travail manuel, etc... Un programme de travail établit un roulement journalier pour mettre et lever le couvert, balayer le réfectoire, balayer les chambres, essuyer la vaisselle — pas toute la vaisselle bien entendu, seulement les assiettes et les timbales ; — les plus grands des enfants rendent déjà quelques services, ils portent le bois du bûcher à la cuisine, rapportent les légumes du potager ; ramassent les branches mortes dans les allées, etc...

Promenades les jeudis et les dimanches. En été, quand le temps permet un déjeuner sous bois, on fait deux grandes promenades, chaque mois, pour toute la journée. On part le matin et l'on ne rentre que le soir. On emporte le déjeuner et le goûter. Ces petites excursions sont très appréciées des enfants.

L'alimentation de nos enfants est simple ; aussi abondante et variée que le permet notre budget. Très peu de viandes rouges, que les enfants digèrent mal ou pas du tout ; — un peu de viande blanche ; — une fois par semaine, du poisson ; — des œufs ; — du laitage ; — les légumes, verts ou secs, selon les saisons, sont abondants ; — aussi les pâtes, le riz, et les farines d'avoine, de maïs, de froment ; — en hiver, des châtaignes à toutes les sauces ; — des fruits, des confitures, du miel, du chocolat, du malt Kneipp (pour remplacer le café au lait). Matin et soir, on mange la soupe, soit une soupe de légumes, soit une bouillie quelconque d'avoine, de crème de riz, de maïs, etc... Le dimanche matin, chocolat au lait pour varier un peu.

Tous nos enfants ont un appétit régulier, et mangent bien. Les nouveaux venus, presque tous petits citadins pauvres, anémiés et affaiblis, nous apportent un teint blême, un mauvais estomac, et une santé à refaire. Six mois après, ils sont bien changés. Les enfants qui sont chez nous depuis plusieurs années, ont tous une santé superbe, n'ont jamais une indisposition, et supportent facilement la fatigue de la marche, le froid de l'hiver, les brusques changements de température.

Notre plus grand ennemi, pour la santé de nos enfants, c'est la scrofule, avec tout ce qui en dérive, glandes, humeurs, boutons, etc. Ces enfants anémiés et blêmes dont je parle, mal nourris depuis leur naissance, ayant mené une vie trop irrégulière, subissent à leur arrivée à la campagne, toute une crise du système sanguin. Ils ne sont pas malades ; ils n'ont besoin d'aucun soin particulier. Ce qu'il leur faut, c'est surtout une vie régulière, une nourriture appropriée à leur âge, de l'exercice, de la propreté. Point de drogues ; notre compte de pharmacie est surtout constitué par l'huile de foie de morue, le sirop iodo-tannique et les phosphates.

En somme, pour le côté physique de l'éducation, nous ne nous plaignons pas. Si nous étions un peu plus fortunés, nos enfants goûteraient quelques douceurs de plus : desserts et gâteries ; — nos pourrions aussi avoir quelques agrès pour la gymnastique. Nous suppléons à cette dernière chose par des jeux où la souplesse du corps peut se développer ; — nos enfants peuvent librement courir, sauter, danser, grimper ; et nos promenades — où jamais il n'est question de marcher en rang, la main dans la main, — sont de véritables parties de plaisir, en même temps qu'un salutaire exercice physique, la marche étant peut-être la gymnastique la meilleure pour l'enfant.

2° *Education intellectuelle.* — Sur ce chapitre, je ne serai pas longue ; car forcément, nous ne pouvons pas appliquer nos idées, puisque six heures par jour nos enfants sont pris par l'école de la commune.

Néanmoins, nous les réunissons en classe, le soir, environ deux heures. Nous revisons l'école ; nous expliquons les obscurités ; nous comblons les lacunes. Comme nous ne voulons pas fatiguer l'enfant, qui a déjà six heures de travail sur le cerveau, nous faisons beaucoup de lecture expliquée, ce qui est un délassement tout en étant excellent pour développer le jugement et mettre dans l'esprit une foule de connaissances.

D'ailleurs, nous n'avons pas à nous plaindre de l'école communale où l'enseignement est donné aussi bien que peut le donner un maître excellent, mais trop chargé de besogne (et l'instituteur d'Epône, avec le supplément que nous lui envoyons, a une moyenne de soixante-dix élèves pour lui seul).

Et, étant donné la situation qui nous est faite, nous ne sommes pas trop mécontents tout de même.

Mais c'est égal, ce que nous aspirons après notre école à nous !

3° *Education morale.* — Là, le champ est libre. Toutes les idées que j'ai exposées au chapitre précédent sont mises en pratique le plus possible.

Nos enfants ont toute la liberté qu'il est possible de laisser à des enfants. Ils nous questionnent à leur gré ; nous confient leurs peines, leurs ennuis, sans embarras. Nous tenons compte, dans la mesure du possible, de leurs aptitudes, de leurs préférences, de leurs désirs et de leurs souhaits que nous nous efforçons de réaliser quand ils sont raisonnables.

Tous nos enfants sont traités en égaux, et nous développons en eux autant qu'il se peut, les sentiments de fraternité, de solidarité, d'entr'aide.

Nous leur donnons l'amour du travail, et par notre exemple personnel, nous leur apprenons à considérer aussi bien le travail manuel que le travail intellectuel. Nous leur montrons que le travail par lui-même est sain, moral et nécessaire; et que la besogne la plus matérielle, la plus ordinaire, est relevée par la valeur morale de celui qui l'accomplit, comme par le service qu'elle rend à la communauté.

Nous éloignons d'eux, avec soin, toute idée sectaire. Nous les faisons raisonner, chaque fois qu'il est possible, les faits qui arrivent à leur connaissance, les choses dont ils sont témoins. Nous les incitons à la justice, à la pitié, à la bonté.

Nous leur faisons aimer la vie simple, dépourvue d'artifices. Nous éveillons les idées de beauté, d'art, de vérité, avec la nature, le chant, la poésie. Nous tâchons qu'ils restent toujours eux-mêmes simples et naturels; et que dans leurs jeux, leurs divertissements, leurs petites fêtes, ils ne deviennent point des pantins ou des marionnettes.

Et tout cela, nous l'accomplissons sans effort; car de toute l'éducation, si la partie morale est la plus délicate, la plus essentielle, c'est aussi celle qui coûte le moins. Elle monte du milieu même, dont elle est l'ambiance, et elle agit lentement, indirectement, sans qu'on y prenne garde. Elle agit par l'exemple, par ce qu'on sait mettre de gai, de bon, d'affectueux, dans la vie commune, dans les rapports entre les enfants et les éducateurs, comme entre les éducateurs eux-mêmes. La pauvreté n'est pas un obstacle à la bonne éducation morale. Nous tirons même de la nôtre, tout ce qu'elle peut avoir d'éducatif. Nos enfants ne l'ignorent point; ils savent que si nous ne leur donnons pas toujours tout ce que nous voudrions leur donner, c'est notre pauvreté qui en est cause. Mais nous ne la leur présentons pas de façon haïssable; nous ne voulons pas permettre à la rancœur de pénétrer en eux. Et nous leur montrons qu'on peut relativement être heureux tout en étant pauvres.

Comme en somme, rien du nécessaire ne leur manque; qu'ils ne connaissent pas les souffrances de la faim, du froid, des privations physiques; que le souci matériel qui ne nous quitte pas ne leur est point connu; — ils n'ont pas de raisons pour s'aigrir. La pauvreté n'est pour eux qu'un accident de la vie, qu'on peut supporter facilement, en somme, sans que la bonne humeur en soit altérée.

— Heureux enfants ! ils ne savent pas combien notre bonne humeur, à nous, subit d'assauts par le fait de cette pauvreté. Nous ne voudrions pas le leur dire; d'abord, parce qu'ils ne nous comprendraient qu'imparfaitement, ensuite parce que, pour s'épanouir, l'enfant a besoin de sécurité, et qu'il est mauvais pour l'enfant d'être prématurément vieilli par les rudes problèmes de l'existence.

. . . .

Comme on le voit, si bien des choses nous manquent, nous tirons partie de ce que nous possédons. Nous sommes une famille — une famille pauvre. Nous n'avons pas la prétention d'avoir fondé l'école modèle; mais d'avoir donné l'exemple de ce que l'on peut faire, de ce que l'on devrait faire — comme aussi de tout ce qu'il serait possible de faire si notre effort était soutenu par ceux qui nous comprennent.

Madeleine VERNET.

Après l'éloquente plaidoirie de notre amie Marie Bonnevial, après les excellentes raisons données par Marcel Sembat, au début de cette brochure, en faveur de la coéducation, je n'ai pas grand chose à ajouter sur ce chapitre.

Toutefois, je crois utile de reproduire ici ce que j'ai dit, dans notre Bulletin n° 3, à propos de cette question. En touchant la matérialité des faits, on comprendra clairement que les raisons qu'on oppose généralement à la coéducation ne reposent sur rien de sérieux.

LA COÉDUCATION

La coéducation est le système d'éducation qui consiste à élever ensemble filles et garçons ; à leur donner un même enseignement, un même développement physique et moral ; à les rendre égaux — ce qui ne veut pas dire pareils, — en un mot, à harmoniser les deux parties de notre humanité.

Depuis des siècles, il y a entre les deux éléments de cette humanité un antagonisme profond qui, au travers des âges, a pris des formes et des figures différentes ; mais qui n'a jamais cessé d'exister, — qui existe aujourd'hui aussi profondément que par le passé.

Cette bataille des sexes, dont les causes et les conséquences seraient trop longues à étudier ici, a ému depuis longtemps les penseurs et les philosophes, et bien des choses ont été dites et écrites sur ce sujet par des gens d'opinions diverses et même quelquefois opposées.

Presque tous, pourtant, se sont rencontrés au chapitre de la conclusion, en préconisant la coéducation comme remède à cet état de choses.

On peut remarquer, en effet, dans l'éducation unisexuelle, deux méthodes bien différentes, deux morales nettement contraires, et deux manières d'enseigner — selon que l'éducation est destinée aux filles ou aux garçons. Alors que chez les seconds on prend soin de développer la force physique, l'énergie morale, la culture de la volonté; on habitue la fillette à la vie passive, faite de docilité et de soumission ; on refrène chez elle la prédisposition aux exercices physiques ; on développe jusqu'à l'exagération la sensibilité inhérente à la nature féminine, qui devient bientôt de la sensiblerie maladive. Il en est de même pour l'enseignement, qui est donné d'une manière beaucoup plus substantielle au garçon qu'à la fillette.

De plus, avec l'adolescence, on leur apprend à tous deux à se méfier l'un de l'autre. La femme est présentée au jeune homme comme l'ennemie; l'homme est présenté à la fillette comme son pire adversaire et le plus grand danger qu'elle ait à redouter (bien entendu, il résulte de cet enseignement que ceci devient une vérité). Des deux êtres destinés à perpétuer la race, des deux êtres qu'une affinité complète devrait réunir étroitement dans les multiples domaines du cœur, de l'esprit et de la pensée, on fait deux individus presqu'étrangers l'un à l'autre, sentant et pensant chacun de façon différente, gardant toujours l'un envers l'autre une méfiance secrète, une peur instinctive; n'ayant ni les mêmes goûts, ni les mêmes aptitudes, ni les mêmes droits, ni les mêmes devoirs. Puis, lorsqu'on a parfait cette double tâche, on les pousse l'un vers l'autre, on les réunit pour le reste de leur vie et on leur dit : « Tâchez de vous entendre, si vous le pouvez. »

Et l'on s'étonne après cela des unions intolérables, des mariages disparates, des ménages à coups de poing.

Pour créer le couple harmonique, il faut que les deux individus qui le composent aient reçu une même éducation, un même enseignement. Il faut que les principes de morale soient les mêmes pour les deux; il faut que la culture intellectuelle soit égale; il faut que l'un et l'autre se sentent dans la vie les mêmes devoirs et les mêmes droits.

Par la coéducation seulement on atteindra l'intégrale égalité, par elle seulement on réalisera l'affranchissement complet de la femme. Que les féministes farouches y songent : il faut revendiquer pour la femme l'affranchissement économique; mais il ne suffit pas, il lui faut aussi sa libération intellectuelle. Les deux choses, d'ailleurs, sont intimement liées l'une à l'autre; et la coéducation est bien un chapitre essentiel du féminisme.

C'est d'ailleurs pour cela que nos mœurs, tout imprégnées encore de préjugés et d'esprit religieux, la repoussent avec ardeur, alors qu'elle est bien accueillie chez les races plus affranchies : en Amérique, en Angleterre, en Suède.

***

C'est donc la coéducation que nous voulons pratiquer à l'*Avenir Social;* et dès la fondation de l'œuvre, les statuts l'ont mentionnée. A Neuilly, nous avons toujours reçu filles et garçons, et nous en recevons toujours à Epône.

Mais la chose n'est pas autorisée par le Code de l'Enseignement; les établissements d'internat n'ont pas le droit de recevoir filles et garçons.

Les externats mixtes sont quelquefois autorisés, avec bien des difficultés, lorsqu'ils se trouvent dans des conditions spéciales; et encore, faut-il qu'ils soient autorisés par le Conseil départemental. Mais ce doit toujours être des externats. La pension complète mixte n'est pas permise.

On pourrait croire que le but visé par cette restriction est la sauvegarde des mœurs et de la morale. C'est, en effet, la raison qui en est donnée. Or, elle est fausse, comme je vais essayer de le démontrer.

Nous avons, en ce moment, à l'*Avenir Social*, quarante enfants, — autant de garçons que de filles, à peu près, — et, comme nos enfants vont à l'école communale, nous sommes donc considérés comme pension de famille par les règlements légaux. Or, la pension de famille est autorisée.

Nos enfants prennent donc en commun repas, jeux, distractions, promenades, exercices. Ils sont donc bien élevés en coéducation. Il n'y a que pour la classe qu'ils sont séparés.

Eh bien, je le demande en toute franchise, si la coéducation peut présenter des dangers, serait-ce en classe que ces dangers existeraient, quand tous les enfants se trouvent là réunis sous la surveillance du maître, assis sur leurs bancs et l'esprit constamment occupé.

Si le danger existe, n'y aurait-il pas plutôt à le redouter au jeu, à la promenade, aux récréations, quand les enfants sont soumis à moins de surveillance, qu'ils se trouvent plus rapprochés les uns des autres par le jeu lui-même, que l'action les surexcite légèrement, et qu'ils peuvent plus facilement s'isoler loin de leurs camarades et de leurs maîtres ?

Empêcher la coéducation complète sous prétexte de mœurs est donc bien une pure forme prise pour cacher le véritable motif qui est de faire deux enseignements séparés et distincts : celui des filles et celui des garçons. L'explication que je donne plus haut, en montrant la coéducation permise pour tous les autres actes de la vie, l'enseignement excepté, en est une preuve évidente. Et, ainsi que je le disais précédemment, l'enseignement unisexuel, par le système des deux méthodes, infériorise la femme et prépare son asservissement économique en mettant un obstacle à son affranchissement intellectuel.

Voilà pourquoi je déclarais que la coéducation est un chapitre essentiel du féminisme; voilà qui explique pourquoi les adversaires de l'affranchissement féminin sont ennemis de la coéducation.

Mais qu'on ne nous parle pas de moralité. La raison est toute autre. La raison, c'est le maintien de la femme dans son inégalité avec l'homme, qui la met dans la dépendance de ce dernier, et qui l'oblige à accepter l'autorité masculine, — cette vieille autorité qu'on retrouve à chaque page de l'histoire féminine en remontant aux temps anciens, et que l'hérédité a presque transformée en loi naturelle.

De cet asservissement féminin est née cette haine de l'homme que les féministes farouches d'aujourd'hui témoignent tout au long de leurs discours et de leurs écrits.

Aviver cette haine, c'est agrandir le malentendu existant entre les deux sexes ; c'est continuer l'œuvre de désharmonie ; c'est faire de la mauvaise besogne.

Et c'est pourquoi nous voulons la coéducation pour que, élevés l'un près de l'autre, en frères et non en adversaires, l'homme et la femme deviennent le couple harmonique dont j'ai parlé.

J'ai dit que la coéducation était un chapitre du féminisme. C'est plus que cela, c'est la condition essentielle, non du féminisme, mais de l'égalité intégrale des sexes.

***

La coéducation complète, ai-je dit tout à l'heure, n'est pas autorisée par les règlements ; les internats mixtes sont défendus.

Eh bien, l'explication que j'ai donnée là est incomplète. La coéducation est quelquefois permise. En feuilletant le Code de l'Enseignement, on y trouve le décret suivant :

« *Aucun pensionnat ne peut être annexé à une école primaire* PUBLIQUE *qui reçoit des enfants des deux sexes, sans une autorisation spéciale du Conseil départemental.* » (Décret du 16 janvier 1894.)

Il est donc des cas où le pensionnat mixte peut être autorisé. Mais seulement pour les écoles publiques (à citer comme exemple l'Orphelinat Prévost, à Cempuis (Oise), qui relève directement de la Direction de l'Enseignement primaire) ; les écoles privées ne jouissent pas de cette faveur.

Or, ce que nous demandons, nous, ce que nous désirons obtenir, c'est l'élargissement de cette loi ; c'est que cette autorisation qui peut parfois être accordée à une école publique soit accordée à une école privée comme l'*Avenir Social.*

Cela relève du ministère lui-même et c'est pourquoi je disais que le sort de notre école était entre les mains du ministère de l'Instruction publique.

Voilà pourquoi aussi j'ai demandé à nos amis de nous apporter leur appui moral, en joignant leur revendication à la nôtre, en réclamant avec nous l'autorisation qui nous est nécessaire, revendication qui, je le disais précédemment, sera d'autant plus forte qu'elle sera faite par plus de voix et par plus de consciences.

(Extrait de notre *Bulletin* n° 3. — Août 1909.)

Bien que dix-huit mois aient passé, la situation n'a pas changé. La coéducation est toujours soumise aux mêmes règlements ; et notre école, à nous, est toujours fermée.

M. Vernet.

UNE SOUSCRIPTION SPÉCIALE POUR NOTRE ÉCOLE

J'ai dit précédemment que si nos ressources budgétaires étaient meilleures, il nous serait possible d'avoir notre école, sans sortir de la légalité et sans cesser de faire de la coéducation.

Pour cela, il nous faut pouvoir remettre sur pied, de fond en comble, une nouvelle école.

Dans ce but, nous avons ouvert une souscription spéciale, destinée seulement à cette réorganisation. Voici comment fonctionne cette souscription : Par carnets de vingt billets de 25 centimes. Ce n'est pas une tombola. Le billet constitue un reçu pour le souscripteur qui peut prendre à son gré deux ou dix, quatre ou huit, etc., de ces billets, selon la somme qu'il peut y consacrer. Un carnet coûte cinq francs. Nous avons aussi quelques carnets de dix francs, composés de vingt billets à 50 centimes. Le talon des billets reste entre nos mains avec l'adresse du souscripteur. La souscription close, nous enverrons à tous les souscripteurs le *Bulletin* compte rendu où seront donnés tous les détails de cette affaire.

Nous avons émis pour cinq mille francs de ces carnets. Si tout pouvait se placer ce serait superbe.

Nous demandons instamment à tous nos amis de contribuer à cette souscription en plaçant autour d'eux le plus de billets possible ; en contribuant aussi eux-mêmes à l'achat de ces billets. Nous ne pourrons rien commencer tant que nous n'aurons pas réuni une somme assez élevée.

Pour tout ce qui concerne cette souscription, demande de carnets et envois des fonds, s'adresser à J. BOXBERGER, *secrétaire de notre Comité d'action*, 59, *rue des Petites-Ecuries, Paris*, qui centralisera les fonds, et les conservera en caisse, jusqu'à ce que soit atteint le chiffre nécessaire.

Bien qu'ayant toujours un besoin immédiat d'argent, nous avons décidé de ne pas toucher à cette souscription, qui a une destination spéciale et devra servir à nous permettre la réouverture de notre école.

A nos amis de se hâter pour que ce jour tant désiré ne tarde pas trop à venir.

M. V.

CONCLUSION

Il ne me reste plus, à présent, qu'à clore cette brochure, comme j'ai clos chacun de nos précédents bulletins : par un appel à l'aide.

Dans toutes les pages qui précèdent, on a pu se rendre compte que ce qui nous manque essentiellement, c'est l'argent. Nous ne manquons pas de bonne volonté, ni de courage, et ce ne sont pas les enfants à secourir et à éduquer qui manquent. Mais élever et éduquer des enfants, cela coûte cher. On ne s'en rend compte que lorsqu'on l'a expérimenté. Je sais bien parbleu, que dans les familles pauvres, aux foyers miséreux, il ne faut pas que l'enfant coûte une grosse somme. Mais comment est-il élevé, le pauvre ? — Physiquement et moralement, quel individu cela fera-t-il ?

J'ai connu, jadis, un brave ouvrier, illettré et fruste, qui proclamait avec orgueil qu'avec son seul salaire d'ouvrier joint au travail de sa femme, il avait élevé *quatorze* enfants sans faire de dettes. Le fait est qu'il ne perdit pas un seul de ses enfants au berceau et que, ainsi qu'il le disait, il en avait élevé quatorze. Mais comment ? Il en perdit à peu près la moitié à la crise de puberté, parce qu'ils n'eurent pas la force de supporter cette crise. Puis, la tuberculose gagna quelques-unes de ses filles vers leurs dix-huit ans ; elles se marièrent néanmoins, et la maternité les acheva. Deux seulement virent la trentaine, et, physiquement, ce sont des dégénérés — bien que leurs parents aient été robustes. Cette dégénérescence s'explique assez facilement, si l'on pense à ce qu'il faudrait d'argent dans une famille pour élever convenablement quatorze enfants, si l'on compare ensuite avec le salaire, même bon, d'un ouvrier d'usine.

Et j'ai parlé du côté physique ; mais au moral ? — Une instruction à peu près nulle ; une mentalité de serf ; — le travail d'usine les avait pris tous très jeunes, les avait pliés à l'asservissement. Il n'y avait, certes, pas à craindre de les voir revendiquer leurs droits...

— Pour élever des enfants, pour les bien élever, il faut des ressources assez larges. L'éducation coûte beaucoup plus cher qu'on ne le croit généralement.

A l'*Avenir Social*, nous faisons tout notre possible pour vivre le plus économiquement qu'il se peut. Nous travaillons de toutes nos forces ; nous ne sommes avares ni de nos bras, ni de notre peine. Mais cela n'empêche pas le numéraire d'être indispensable.

J'en appelle donc une fois encore à la solidarité de tous ceux qui sont avec nous d'esprit et de cœur ; à tous ceux que l'éducation de l'enfant pauvre intéresse ; qui comprennent la nécessité de ne pas laisser aux mains de nos adversaires, les sans-famille de notre classe.

Les moyens de nous aider ne manquent pas. Nous acceptons la plus humble des oboles, comme nous accepterions une fortune s'il nous en était offert une — à la condition toutefois qu'elle ne nous apporte aucune obligation morale contraire à nos principes ; — mais ce ne sont pas beaucoup des fortunes que nous espérons. Les gros capitaux, nous le savons, ne se trouvent guère dans nos rangs. Nous comptons bien plus sur les petites bourses. Mais nous savons ce que vaut le nombre, et ce que peuvent beaucoup de petites bourses réunies.

L'essentiel, c'est que nos amis soient bien persuadés qu'il nous faut leur aide — aussi large que possible ; — qu'il nous la faut d'une manière régulière, assurée. Il faut qu'ils se disent que pour que l'œuvre que j'ai entreprise ait son plein développement, et atteigne le but idéal que je lui ai assigné — il faut de l'argent, beaucoup d'argent. Mais il faut aussi qu'ils soient persuadés que cela n'est pas impossible à réaliser. J'ai dit tout à l'heure que les petites bourses avaient une force : le nombre ; je vais en donner un exemple.

Prenons, dans tout le département de la Seine réuni, dix mille travailleurs conscients. Ce chiffre n'est pas fastidieux, il y a des Coopératives qui comptent à elles seules plusieurs fois mille sociétaires. — Eh bien, Paris et la Seine peuvent bien sans exagération fournir dix mille travailleurs conscients. (Je veux espérer même qu'il y en a plus que cela pour l'honneur du prolétariat.)

Supposons que ces dix mille travailleurs décident de mettre dans une tirelire deux sous par semaine pour les orphelins de la classe ouvrière. Et deux sous, en bonne conscience, — deux sous par semaine, — qu'est-ce que cela représente.

Pas une bien grosse privation, à coup sûr, car combien facilement sont-ils dépensés par les plus pauvres, ces deux sous par semaine ? — Que chacun fasse son examen de conscience ! —

Eh bien, si dix mille travailleurs conscients mettaient deux sous par semaine dans une tirelire destinée aux orphelins de la classe ouvrière, cela ferait un total de cinquante-deux mille francs par an. J'ai dit par ailleurs qu'il fallait pouvoir disposer de cinquante francs mensuels par enfant pour faire de l'éducation satisfaisante ; cela représente 600 francs par an. Avec cinquante deux mille francs donc on élèverait annuellement 87 orphelins, à supposer qu'ils soient acceptés gratuitement.

Mais si vous prenez des enfants pour lesquels dix, quinze, vingt francs seront déjà versés par le père ou la mère survivant, envisagez quel chiffre de déshérités la classe ouvrière pourrait aider à élever.

La voilà bien la force du nombre. Et il ne faut pas dire que le prolétariat ne peut rien. Avec ses deux sous multipliés, il peut s'efforcer de lutter dans la question qui nous intéresse contre les coffres-forts capitalistes...

J'adresse donc à tous un pressant appel. Je m'adresse à toutes les individualités conscientes, éprises de nos idées ; — je m'adresse à l'ouvrier en pantalon de toile, aussi bien qu'à l'employé (ouvrier en pantalon de drap) ; — je m'adresse au travailleur manuel aussi bien qu'au travailleur intellectuel ; — à celui dont le gain est modeste comme à celui dont le salaire est élevé ; que chacun fasse selon ses forces ; — je m'adresse même aux favorisés de la fortune qui se sont affranchis de l'étroit esprit bourgeois, mesquin et bourré de préjugés, pour se ranger parmi ceux qui réclament un état social fait de justice et d'égalité.

Je m'adresse aussi aux organisations ouvrières, syndicales et coopératives ; — aux Sociétés laïques si nombreuses ; — aux groupes d'*Etudes sociales*, de *libre-pensée*, des *Droits de l'Homme ;* — aux Loges maçonniques ; — enfin à toutes les formes de collectivités sociales où la solidarité est un principe, où l'entr'aide est pratiqué, et où les idées que j'ai exposées dans cette brochure trouveront des sympathies...

Je rappelle qu'on est membre adhérent de l'*Avenir Social* en versant une cotisation annuelle de six francs au minimum. Cette cotisation peut être augmentée, selon le désir et les moyens du souscripteur ; mais elle n'est pas inférieure à six francs. — Pour les fortunés — pour ceux qui auraient le désir d'être inscrits parmi les membres fondateurs, je rappelle également que la donation minima est de cent francs.

En dehors de cela, on peut nous adresser toutes les petites sommes que l'on voudra ; faire circuler des listes de souscription ; organiser des fêtes à notre bénéfice. — Toute aide sera la bienvenue. — (Je ne mets pas sur cette liste, la souscription dont j'ai précédemment parlé, et qui sera affectée spécialement à la réinstallation de notre école. Cette souscription sera close dès que la somme nécessaire sera réunie. Elle ne rentre pas dans le cadre des souscriptions habituelles, dont nous avons besoin pour la vie de tous les jours.)

J'espère, à présent, avoir tout dit. J'espère avoir été assez éloquente pour atteindre à la fois le cœur et la conscience de ceux qui me liront. Je confie à leur esprit d'humanité l'avenir de l'*Avenir Social*, et je veux croire qu'ils ne laisseront pas disparaître une œuvre qui, s'ils le veulent bien, peut avoir une importance sociale très grande; — d'abord par son utilité propre, ensuite par l'exemple qu'elle aura créé.

D'avance, merci à tous; mais qu'on se hâte ! qu'on nous aide !

Madeleine VERNET.

NOTA. — J'ai consacré à la question des sans-famille du prolétariat, une étude toute spéciale qui sera publiée prochainement dans la *Revue Socialiste*. Cette étude sera ensuite mise en brochure — en août fort probablement — et vendue au profit de l'*Avenir Social*. — Nous en parlerons en temps voulu.

4° Ressources de l'Œuvre

ART. 27. — Les ressources de l'*Avenir Social* sont constituées par:

1° Les pensions versées par les pupilles;

2° Les cotisations versées par les membres et sociétés adhérentes à l'œuvre;

3° Les souscriptions diverses, collectives et individuelles;

4° Le concours personnel d'amis, conférenciers, artistes, auteurs, publicistes, etc.

5° Les donations en nature;

6° Les subventions et libéralités accordées par des sociétés ou associations privées ou publiques.

ART. 28. — Le nombre des pupilles sera limité aux ressources financières de l'œuvre.

5° Groupements de Propagande

ART. 29. — Les membres fondateurs et adhérents de province peuvent organiser, dans leur région, de petits groupements de propagande destinés à aider l'*Avenir Social*. Ces groupements conservent leur entière autonomie, et fonctionnent sous l'initiative et la responsabilité de leur organisateur, sans que l'*Avenir Social* y soit engagé, ni pécuniairement, ni moralement.

6° Légalisation

ART. 30. — Les présents statuts annulent les précédents, et sont déposés conformément à la loi.

MEMBRES FONDATEURS

Mmes
de B..., Bruxelles.
J.-B. CAVELIER, Barentin.
E. FRANÇOIS, Chartres.
Adèle KASSKY, Paris.

MM.
Léon BONNOT, Paris.
Ch. HOTZ, Marseille.
LECLERC DE PULLIGNY, Paris.
Marcel SEMBAT, Paris.
Ad. S..., Paris.

Sociétés coopératives:
L'Avenir Social, Saint-Denis.
La Bellevilloise, Paris.
L'Égalitaire, Paris.
L'Émancipatrice, Paris.
La Libératrice de Bessan.

Syndicats:
Syndicat ouvrier des Maçons d'art et leurs Aides de la Seine, Paris.

MEMBRES ADHÉRENTS 1910-1911

MEMBRES INDIVIDUELS

Mmes
ADRIENNE, Paris.
Marguerite BODIN-GOUPIL, Viroflay.
BRANCHARD, Paris.
Mathilde BREUIL, Limoges.
Hélène BRION, Paris.
Jeanne BROCHART, Paris.
Cécile DAUMONT, Melun.
DISTROFFE, Evreux.
FOURNIER, Lorient.
Z. FRESNOIS, Houilles.
Angèle HENRY, Paris.
Alice HESSE, Villemonble.
Henriette IZAMBARD, Paris.
Mary LEFORT, Paris.
NELLY-ROUSSEL, Paris.
OUITARD, Courbevoie.
Veuve RAMBOURD, Beaumont-sur-Oise.
A. TESSIER, Montreuil-s.-Bois.
J. VILLEMSENS, Vincennes.

MM.

J. BARBICHE, Neuilly-sur-Seine
A. BÉGUIN, Paris.
C. BENOIT, Paris.
Robert BERTRAY, Paris.
BLANCHARD, Billom.
L. et M. BONNEFF, Paris.
G. BONNET, Paris.
Léon BONNOT, Paris.
J. BOXBERGER, Paris.
Auguste BUREAU, Mostaganem.
CHENEY, Paris.
CURÉ, Paris.
Emile DAUMONT, Melun.
Charles DAVID, Paris.
DELEUZE, La Fare (Lozère).
H. DELHAYE, Rouen.
DEMAILLY frères, Paris.
Fr. DUMONTIER, Sens.
C. DURAND, Paris.
ERBOVILLE, Paris.
FAVAS, Paris.
V. HARDY, Paris.
Armand LAPIE, Lausanne (Suisse).
André LEBEY, Paris.
Lucien LÉGER, Paris.
G. LE VISAGE, Autun.
LEYTERRE, Paris.
Yves LOZACH, Paris.
MASSON, Paris.
MATHIAS, Boulogne.
Lucien MAZOYER, Marseille.
A. MÉLIÈS, Epône.
MILLOT, Paris.
Paul MORÈRE, Paris.
A. MULOT, Amiens.
G.-Pierre NORANGES, Paris.
PAGÈS, Paris.
Emile PATAUD, Paris.
G. PERRET, Pont-de-Vaux (Ain).
PEYRATOUT, Paris.
Auguste RICHEBRACQUE, Arcueil-Cachan.
Gustave ROBINET, Paris.
Amédée ROLLIN, Paris.
Hector ROMET, Paris.
ROSNOBLET, Paris.
STRUB, Rouen.
Albert THOMAS, Champigny.
Benjamin THOMAS, Paris.
E. TROTTET, Paris.
Henri TUROT, Paris.
Fernand VARIGARD, Paris.
VOLLÉE frères, Paris.
G. WARÉE, Paris.

2° SOCIÉTÉS COOPÉRATIVES

Paris

L'Abeille de Passy.
L'Avenir de Plaisance.
Le Bel-Air.
La Bercy-Picpus.
Chocolaterie et Confiserie ouvrières.
Le Chêne-Liège.
L'Economie Parisienne.
L'Eglantine Parisienne.
L'Espérance des 5e et 13e.
La Famille du 11e.
La Famille Nouvelle.
La Lutèce Sociale.
La Ménagère.
La Montmartroise.
Notre Famille
La Prolétarienne du 18e.
La Solidarité, rue Guersant.
L'Utilité Sociale.
Cercle des Coopérateurs de l'Avenir de Plaisance.
Cercle des Coopérateurs de l'Egalitaire.
Cercle des Coopérateurs de la Famille du 11e.
Groupe d'action coopérative des Grandes-Carrières.

Seine

L'Avenir de Boulogne-Billancourt.
La Fraternelle des Lilas.
Les Persévérants de Saint-Denis.
La Ruche de Nanterre.
La Solidarité de Meudon.
L'Union du Bourget.
L'Union Fontenaisienne, Fontenay-sous-Bois.
L'Union Coopérative d'Ivry.

Seine-et-Oise

L'Avenir Régional, Neuilly-Plaisance.
La Brévannaise, Brévannes.
L'Union de Saint-Germain-en-Laye.

Aisne

La Fraternelle, Saint-Quentin.
L'Espérance, Château-Thierry.

Ardennes

La Ménagère, Monthermé-Laval-Dieu.

Aube

La Laborieuse, Troyes.

Hérault

L'Avenir Social de Maureilhan-Ramejan.
L'Aurore Sociale, de Maureilhan-Ramejan.

Loire-Inférieure

La Prolétarienne, La Montagne.

Maine-et-Loire

L'Avenir d'Angers-Doutre, Angers.
Groupe d'études de l'Avenir d'Angers-Doutre, Angers.
Coopérative des Syndicats angevins, Angers.

Marne

La Populaire Rémoise, Reims.

Morbihan

L'Espérance à Kerentreck-Lorient.
La Ruche, Merville.

Oise

Les Métallurgistes de l'Oise, Montataire.

Pas-de-Calais

Fédération des Coopératives du Pas-de-Calais, Avion.
La Fourmi, Lillers.

Seine-Inférieure

La Mutualité, Maromme.
La Semeuse, N.-D.-de-Bondeville.

Somme

Cordonnerie Ouvrière, Amiens.
La Famille Nouvelle, Méharicourt.

3° SYNDICATS

Paris

Chambre syndicale des Sculpteurs-Modeleurs.
Chambre syndicale des Tailleurs de pierre.
Chambre syndicale des Ouvriers vanniers.
Syndicat central des Travailleurs municipaux.
Union corporative des Ouvriers mécaniciens.
Union syndicale des Ouvriers sur métaux.
Union des Ouvriers charpentiers de la Seine.

Syndicat des Travailleurs du Chemin de fer, Mantes.
Syndicat des Travailleurs du Chemin de fer, Oullins.
Syndicat des Travailleurs réunis du Port de Brest.

4° PARTI SOCIALISTE

4e Section de Paris.
13e Section de la Seine.
29e Section de la Seine (Boulogne).
Groupe de Suresnes.

5° SOCIÉTÉS DIVERSES

Société Amicale des Anciens Elèves de l'Orphelinat Prévost, de Cempuis.
Les Pupilles de la Solidarité, Charenton.
Groupe d'études sociales, Mouy (Oise).
Travailleurs réunis d'Indret, La Montagne.
La Libre-Pensée, La Montagne.
Le Droit Humain n° 5, Le Havre.
Cercle des Employés de la Revendication, Puteaux.
Société Générale de Vannerie, Paris.

Pour visiter " L'Avenir Social "

Epône est situé dans la grande banlieue ouest à 48 kilomètres de Paris; sur la ligne de Paris à Mantes, par Poissy.

Prendre le train, gare Saint-Lazare. On peut venir également par la gare des Invalides, en passant par Versailles; mais le trajet est un peu plus long.

Par l'un ou l'autre itinéraire, le prix du voyage, aller et retour, est de 3 fr. 85.

L'*Avenir Social* se trouve dans Epône même (rue de la Geôle), à un quart d'heure de la gare.

Demander le billet pour Epône-Mézières.

Les jours de visite, pour les enfants, sont les 1er et 3e dimanches du mois.

On est donc toujours sûr de trouver quelqu'un ces jours-là.

Sur rendez-vous pris d'avance, on peut venir n'importe quel autre jour.

L'ÉMANCIPATRICE, 3, RUE DE PONDICHÉRY, PARIS (XVe). — 1002-5-11

www.ingramcontent.com/pod-product-compliance
Lightning Source LLC
LaVergne TN
LVHW010001230826
846092LV00002B/587
9782329677521